UNA VISITA A DAMANHUR

VIDA COTIDIANA, PENSAMIENTO E
HISTORIA DE UN PUEBLO CAPAZ DE SOÑAR

DAMANHUR

UNA VISITA A DAMANHUR
de Formica Coriandolo (Angela Toninelli)
y Stambecco Pesco (Silvio Palombo)

ISBN: 978-88-941185-7-5
Devodama srl, Vidracco (TO), Italy

Impreso el mes de Enero de 2016

Formica Coriandolo (Angela Toninelli) es coordinadora de
relaciones externas de Damanhur, Federación de Comunidades.
Stambecco Pesco (Silvio Palombo) es escritor, ha publicado
La mia Damanhur (Altri Paraggi).

INDICE

DAMANHUR, FEDERACIÓN DE COMUNIDADES

Damanhur es una Federación de Comunidades espirituales. Se encuentra en el Piamonte (norte de Italia), entre Turín y Aosta, en un territorio de un radio de 15 km en el valle de la Valchiusella, un valle aun verde y limpio. Aquí, los ciudadanos de Damanhur han dado vida a una sociedad multilingüe, abierta a los intercambios con el territorio y con las culturas de todo el mundo. Los damanhurianos acostumbran a llamarse con nombres de animales y de vegetales, como símbolo de unión con la naturaleza.

Damanhur fue fundada en 1975 gracias a la inspiración de Falco Tarassaco, Oberto Airaudi (1950-2013). Su visión iluminada y pragmática ha creado una realidad fértil basada en la solidaridad, el amor, la espiritualidad y el respeto por el medio ambiente. Como resultado, Damanhur ha recibido el reconocimiento como modelo de sociedad sostenible por el Global Human Settlements Forum (Foro Global de Asentamientos Humanos)de las Naciones Unidas.

Damanhur acoge a miles de visitantes cada año y atrae el interés de académicos e investigadores de todo el mundo en el campo de las ciencias sociales, del arte, de la espiritualidad y de la sostenibilidad ambiental.

En la filosofía damanhuriana, que inspira la vida de las Comunidades de la Federación, los pensamientos positivos

7

son fundamentales, las apreciaciones de la diversidad y el cambio profundo como estrategia para salir de los hábitos.

Damanhur es una experiencia de investigación profunda de los valores de la existencia en todos sus aspectos. A lo largo de cuarenta años, los damnhurianos han dado vida a iniciativas en el campo de trabajo de la política, de la cultura, de la educación, del arte y de la investigación en el área de las energías sostenibles que guían al universo.

El camino espiritual, llamado Escuela de Meditación, guía a cada damnhuriano en la exploración de sí mismo y en la búsqueda del significado de la existencia, también a través del estudio de las antiguas tradiciones mágicas y las celebraciones de los ritmos de la naturaleza. En el interior de este recorrido, cada uno aprende a desarrollar sus propios talentos y a limar sus propios defectos, a la vez que ayuda a los otros a hacerlo igualmente.

El respeto por el entorno es uno de los pilares del pensamiento damanhuriano. Los damanhurianos cultivan y crían animales de manera ecológica, rehabilitan y construyen según los criterios de la bioconstrucción, han desarrollado empresas de planificación e instalación en el campo de las energías renovables, prefieren los métodos naturales de curación y una visión holística de la medicina.

La búsqueda de la mejor integración entre el ser humano y el entorno, se traduce tanto por la atención al impacto más bajo posible, como con la búsqueda de las soluciones tecnológicas más en vanguardia. En la visión damanhuriana, la tecnología, si es adecuadamente incorporada y utilizada, es un precioso aliado en la defensa de la salud y la naturaleza.

El respeto hacia el medio ambiente es algo que va más allá de una visión ecologista: reconoce la existencia de una vida consciente y sensible en el mundo vegetal, aparte del animal, e investiga el contacto con las inteligencias que habitan este universo.

Nace así, entre otras, la experiencia en el campo de la comunicación vegetal, cuya más conocida expresión es la "Música de las Plantas", que permite la ejecución de conciertos en los que los músicos son árboles, plantas y seres humanos juntos.

La obra por la que Damanhur es mayormente conocida es la de los Templos de la Humanidad, un complejo subterráneo, completamente excavado a mano en el corazón de la montaña, decorado con mosaicos, vidrieras artísticas, esculturas, pinturas murales y obras de arte dedicadas al despertar de la esencia divina, presente en cada ser humano. Los Templos de la Humanidad son visitados cada año por millares de personas.

Damanhur tiene centros, asociaciones y delegaciones en numerosas ciudades italianas, europeas y en el mundo. Es posible venir a visitarla en cualquier momento del año, asistir a los cursos y seminarios, así como conocer su filosofía y el pensamiento de Falco Tarassaco.

Bienvenido a esta visita virtual a Damanhur, Federación de Comunidades.

LA COMUNIDAD DAMANHURIANA

VIVIR JUNTOS

E n Damanhur viven unas 600 personas, ciudadanos residentes en las comunidades de la federación, ciudadanos temporales y sus hijo/as. Aproximadamente otras 400 personas, viven en los alrededores. Muchos de ellos provienen de diferentes países, han comprado casas para vivir cerca de Damanhur y forman parte de la ciudadanía considerada "no residente".

11

Hay ciudadanos de orígenes muy diferentes, desde el punto de vista cultural, social y geográfico. Algunos se han unido a Damanhur siendo muy jóvenes y otros lo han hecho a una edad avanzada. El idioma más hablado es el italiano, pero hay muchas personas de habla inglesa, alemana, holandesa, croata, noruega, española y otras.

Las formas de llegar a Damanhur son bastante diferentes: muchos se han acercado a la Comunidad por temas espirituales, otros por motivos ambientales, otros por la investigación en el ámbito educativo o de la sostenibilidad, etcétera, y han descubierto después todos

los aspectos de los que se compone nuestra experiencia de vida.

Vivir en comunidad, con personas que vienen de culturas y experiencias diferentes, es una gran ocasión para enriquecerse.

Se puede llegar a Damanhur seducidos por una idea mística, fascinados por la dimensión social, decididos a defender la naturaleza y por muchas otras razones. Una vez que se llega aquí se armonizan con las de los demás.

El desafío de hacer armónica la convivencia de muchas personas procedentes de diferentes culturas es apasionante y requiere de cada uno una constante capacidad de adaptación y ¡mucho, mucho sentido del humor! Los ingredientes para crear una Comunidad estable y en continuo desarrollo, capaz de renovarse continuamente y de crear una fuerte cohesión entre las personas, son muchos y todos importantes, pero son fundamentales el amor, el respeto y la solidaridad recíproca.

La conciencia de que cada puede ofrecer algo único y valioso a los demás, y de que todos somos parte de una única esencia, una única familia que se llama Humanidad, es la llama que calienta y une los corazones de todos los damanhurianos. Por este motivo, todos los Cuerpos de Damanhur, es decir, los cuatro ámbitos principales de experiencia y búsqueda tienen como objetivos proporcionar herramientas útiles para conocerse a uno mismo y a los demás, y dar espacio a la expresión de las características y los talentos individuales. El Cuerpo social es el ámbito que coordina los aspectos comunitarios y políticos de la vida de los damanhurianos.

13

Para más información sobre **Damanhur** y las visitas a las Comunidades, puedes dirigirse a **Damanhur Welcome & University** en Damjl, en Baldissero Canavese. **www.damanhur.org** - Tel. **+ 39 0124 512226**.

LOS CIUDADANOS DE DAMANHUR

L os ciudadanos que eligen la fórmula comunitaria, también llamados "ciudadanos residentes", residen en grandes casas en las que se forman los núcleos-familia, donde viven de 15 a 25 personas. En la misma casa habitan parejas, parejas con hijo/as, personas solteras, jóvenes y ancianos, lo que permite el intercambio de experiencias entre gente de distintas edades. Cada uno tiene su propio espacio personal y comparte con los demás espacios comunes, como la cocina y las salas de estar.

El compartir se extiende a distintos aspectos de la vida y sucede en momentos diferentes: en los encuentros semanales, en los que se dan y reciben apoyo y opiniones, se toman decisiones y se desarrollan proyectos; en la administración de la comunidad, cuando se afrontan los gastos diarios de alimentación, alquiler, mantenimiento y gestión de la casa y del territorio, etc.; en la distribución

15

de los roles y de las funciones útiles para mantener una calidad de vida alta.

Los ciudadanos residentes eligen a sus propios representantes en los organismos, que gestionan diversas responsabilidades. Con la adhesión a la ciudadanía residente, se participa también en la actividad de las asociaciones, que se ocupan de muchos aspectos de la vida comunitaria.

Los ciudadanos no residentes participan, como los residentes, en todas las actividades espirituales, artísticas y de investigación. La mayoría de ellos viven en la región del Canavese, en zonas vecinas a las distintas comunidades. Hay numerosas viviendas privadas de los ciudadanos no residentes, viviendas en los pueblos o casas de campo, en las que viven solos o con sus familias, a veces formando pequeños grupos de convivencia. Muchos de ellos participan cotidianamente en los proyectos de las Comunidades, mientras que otros lo hacen de acuerdo a sus posibilidades de tiempo. Todos hacen, en cualquier caso, referencia a las Comunidades con las que sienten mayor afinidad.

Hay también ciudadanos no residentes que viven en distintas ciudades lejanas, en Italia o en otros países, que vienen a Damanhur varias veces al año y participan en sus actividades en función de la distancia y de sus compromisos personales. Muchos de ellos se dedican a crear y gestionar embajadas y centros de Damanhur, a los que los instructores damanhurianos llevan cursos, conferencias y seminarios.

CIUDADANÍA TEMPORAL

P ara los que sienten curiosidad por Damanhur y
quieren, sencillamente, vivir una experiencia
de ciudadanía damanhuriana por tres meses, hemos
creado la ciudadanía temporal, el llamado proyecto
"New Life". Prevé vivir en una comunidad, participando
en la vida cotidiana de sus ciudadanos y al mismo
tiempo asistir a clases sobre la filosofía, historia y
espiritualidad damanhuriana, sobre las enseñanzas de
Falco Tarassaco y sobre la lengua italiana.

A diferencia de las personas que pasan en Damanhur períodos como huéspedes, a los que alojamos en estructuras específicas y que asisten a los programas organizados por el Welcome Office & University, los ciudadanos New Life tienen la oportunidad de conocer la realidad damanhuriana desde dentro. Durante estos tres meses, cada persona experimenta la vida, en al menos, dos Comunidades diferentes, con el fin de entrar en contacto con personas diversas y modos de estar juntos diferentes.

Al final de los tres meses, los ciudadanos temporales regresan a su lugar de origen o, si lo desean, empiezan un período de prueba para convertirse en ciudadanos damanhurianos residentes.

18

Acoger a los ciudadanos temporales es también una bonita experiencia para los damanhurianos, que viven desde hace años en Comunidad: es una oportunidad para conocer otros idiomas, experiencias y culturas diferentes. Afrontar desde los aspectos más comunes, como la cocina, hasta aquellos más profundos, como la educación de los hijo/as, el respeto por el medio ambiente y la visión espiritual, es una fuente de enriquecimiento para todos.

Para más información sobre el programa
New Life (ciudadanía temporal), visita:
www.damanhur.org/nuovi-cittadini

CALIDAD DE VIDA

E n cuarenta años de historia, la calidad de vida en Damanhur ha crecido de manera exponencial respecto a sus inicios. Hoy contamos con centenares de hectáreas de territorio, decenas de casas de bioconstrucción, servicios y estructuras que pueden acoger a ciudadanos y huéspedes, actividades productivas, agricultura biológica, energías renovables en todas las Comunidades, una escuela familiar para niño/as de 0 a 14 años, un centro de medicina integrada y muchos otros aspectos que hacen la vida rica en variedad y calidad.

19

La solidaridad, el compartir y la laboriosidad de los damnhurianos son los valores que han permitido aumentar la riqueza común, para el uso y el beneficio de todos.

En Damanhur el apoyo a las personas con dificultades es importante, así como a los ancianos, hijo/as y mujeres durante la maternidad. Para todos los ciudadanos, independientemente del tipo de la actividad que realizan y de la cobertura asistencial estatal que reciben, está garantizado un nivel elevado de asistencia. Los hijo/as son apoyados en sus estudios por toda la Comunidad, porque la educación es un tema importante y compartido por todos.

También el sistema sanitario interno está articulado y permite a todos elegir cómo curarse.

Al lado de la medicina de tradición damanhuriana (pranoterapia, terapias suaves, medicina natural) hay un ambulatorio en el que trabajan varios médicos (la mayoría de cuales son ciudadanos de Damanhur) provisto de muchos servicios especializados, para damanhurianos y usuarios procedentes de localidades vecinas.

ORGANISMOS ELECTIVOS

E l sistema político interno de la Federación de Comunidades se inspira en los principios de la Constitución de Damanhur. Todos los organismos de representación que lo componen son elegidos.

Cada seis meses se vota a los dos Reyes Guía, el cargo más alto en el cuerpo social, que se ocupa de coordinar las actividades y el desarrollo de toda la Federación de Comunidades. El número de reyes guías puede cambiar en función del momento histórico. Desde diciembre de 2015 son tres.

En cada Comunidad, siempre una vez al año, se elige también al capo núcleo o regente, la persona que se ocupa de coordinar la vida de la Comunidad, desde el punto de vista de las relaciones humanas, de la ejecución de los diversos proyectos comunitarios y de la organización.

Por último, dada la magnitud de Damanhur, cada área territorial, que incluye varias comunidades, se identifica como una región, encabezada por un "capitán" elegido por los miembros de las diferentes comunidades, que permanece en el cargo durante un año.

Cada año, se elige también el Colegio de Justicia, cuya tarea es supervisar el respeto de los principios de la Constitución, resolver disputas entre ciudadanos y verificar las actuaciones de los distintos organismos.

21

LA CONSTITUCIÓN

L a Constitución de Damanhur recoge los principios fundamentales sobre los cuales se basa la vida de la Federación de Comunidades. Entre los más importantes se encuentran pensar bien de los demás, el impulso a una continua transformación interior, la solidaridad y el respeto entre los ciudadanos, el dar a los demás siempre otra oportunidad, y cuidar del medio ambiente y de todas las formas de vida.

La Constitución de Damanhur ha nacido para ser cambiada a lo largo del tiempo, de acuerdo a una visión filosófica bien precisa: la de crear una realidad capaz de sostener una conciencia individual cada vez mayor, con cada vez menos necesidad de leyes y reglamentos.

Una larga historia de cambios aportados a la primera redacción, que se remonta al año 1981 y que contenía más de 130 artículos, ha llevado hoy a la versión en vigor, con sólo 15 artículos.

La Constitución prohíbe fumar, consumir sustancias estupefacientes y cualquier forma de exceso que pueda dañar a uno mismo y a los demás. Los damanhurianos se atienen a estas disposiciones como elección de modo de vida, y se pide a todos los visitantes que transitan por el territorio de la Comunidad de Damanhur que respeten también esta regla.

LA EDUCACIÓN DE LOS HIJO/AS

En Damanhur, la educación se concibe como una oportunidad de crecimiento intelectual, social, ético y espiritual, no sólo para los hijo/as, sino también para los educadores, maestros, padres y toda la familia damanhuriana.

La diversidad de culturas y nacionalidades en Damanhur constituye una riqueza en el ámbito educativo. Estar en contacto con la diversidad, amplía la capacidad de pensar de forma creativa y de acoger nuevas ideas, tanto para los jóvenes como para los adultos. Los hijo/as son educados para ser individuos responsables, ciudadanos del mundo y dueños de su futuro, desde pequeños. A los 18 años, e incluso antes si están preparados, los adolescentes pueden elegir continuar viviendo en las comunidades con sus padres o tener otras experiencias: una de ellas es la participación en el proyecto "Casa Ragazzi", una comunidad gestionada por jóvenes de quince a veintitrés años.

23

LA ESCUELA

L a Escuela Familiar de Damanhur nació en 1985, de la iniciativa de un grupo de padres, para seguir directamente la educación, también en el ámbito escolar, de sus hijo/as de 0 a 14 años, del Nido a la Educación Media.

La Asociación de Promoción Social Damanhur Education se creó para ofrecer este servicio, que incluye un programa escolar acorde con los programas educativos ministeriales. Los controles didácticos y exámenes de fin de año de todos los estudiantes tienen lugar en el colegio público de la zona.

La visión damanhuriana pone al niño/a en el centro del proceso educativo. Además de los programas ministeriales italianos, hay muchas actividades relacionadas con la expresión personal, el contacto con la naturaleza y la experimentación práctica en muchos ámbitos, como por ejemplo del arte y de la ecología.

Los niño/as trabajan a menudo en presencia de diferentes edades dentro del mismo grupo, fomentando las habilidades y el apoyo mutuo. Cada grupo tiene asignado un profesor de referencia que colabora con otros profesores. Entre los damanhurianos hay muchos maestros y educadores.

Siempre que es posible, los escolares y los profesores viajan juntos a muchos lugares históricos italianos e

24

internacionales, para ver de manera real lo que sería, de otro modo, solo virtual. Así conocen el mundo y tienen experiencias de forma independiente.

La Escuela participa activamente en campañas de sensibilización ambiental y solidaridad. Los niño/as y jóvenes han ayudado a la construcción de una escuela en Mancarroncito, una isla en Nicaragua, a través de la ONG Re.Te. En estos años han estado en contacto con activistas de Greenpeace y han sido huéspedes en el Rainbow Warrior cuando atracó en el puerto de Génova.

LA COMUNIDAD DE LOS ADOLESCENTES

27

E n el 2007, un grupo de hijo/as adolescentes ha dado vida a la Comunidad de Milte, también llamada *Casa Ragazzi*, en la que participan chicos y chicas con edades comprendidas entre 15 y 23 años, que han emprendido la experimentación de vivir juntos sin adultos, con gran sentido de responsabilidad y autonomía. Todos juntos se entrenan en el apoyo recíproco y en la responsabilidad personal, a la vez que gestionan todos los aspectos de la vida cotidiana: hacer la compra, cocinar, limpiar, administrar la economía, etc.

La regla de la casa es que, además de ocuparse cada uno de las distintas necesidades domésticas, es indispensable también mantener buenos resultados escolares. Si en algún momento, su rendimiento es insuficiente, vuelven a la Comunidad donde viven sus padres, pero el apoyo recíproco hace que estos sean casos sean extremadamente raros.

ECONOMÍA Y TRABAJO

E l sistema económico damanhuriano combina el ser emprendedor con la solidaridad y el compartir, con el fin de crear la mayor riqueza individual y colectiva. Este sistema ha sentado las bases para lo que, con los años, se ha convertido en una gran riqueza colectiva, que consiste en casas y terrenos, escuelas y servicios, arte y jardines, bosques y espacios de encuentro, salud y bienestar. La calidad de vida que resulta, revitaliza las zonas donde hay asentamientos damanhurianos. Además de los ciudadanos de la Federación, todos los habitantes de la zona pueden disfrutar de los servicios y de las actividades existentes.

La estructura económica de Damanhur ha cambiado muchas veces, desde su fundación hasta el día de hoy.

Durante los primeros diez años, la elección de compartir los ingresos económicos personales, poniéndolos en una caja común, de la cual se sacaron fondos para comprar tierras y casas, permitió la creación de las bases para el desarrollo de la Comunidad y la puesta en marcha de las labores de construcción de los Templos de la Humanidad.

Después de esta primera fase indispensable, los ciudadanos eligieron que cada individuo volviera a gestionar totalmente sus propios recursos económicos. Así, cada persona tiene un incentivo para expresar su potencial individual y cuenta con recursos económicos personales.

29

Hoy cada comunidad se administra como una verdadera familia, en la cual el que trabaja contribuye a los gastos, apoya a quien tiene dificultades y, en función de sus posibilidades, apoya también a los objetivos de la Federación, como la Escuela Familiar, los Templos de la Humanidad, etc.

Para hacer posible la propiedad colectiva de todo el patrimonio inmobiliario de la Federación, los damanhurianos han creado una cooperativa inmobiliaria, la Atalji, que es la propietaria de los terrenos y las casas de la Federación de Comunidades. El patrimonio ha crecido con el tiempo a través de la inversión de la Atalji (en la adquisición de nuevos bienes y sobre todo en la reforma de casas antiguas) y también a través de las acciones pagadas por los miembros, que son los mismos ciudadanos. Cada damanhuriano puede retirar sus acciones si decide dejar la ciudadanía o por causas mayores.

EL CRÉDITO

E l Crédito es el sistema de moneda complementaria de Damanhur, que tiene como objetivo desarrollar una nueva forma de economía basada en valores éticos de cooperación y solidaridad. Tiene un alto valor ideal y se ha creado para devolver al dinero su significado original: ser un medio para facilitar el intercambio, basado en un acuerdo entre las partes.

Por este motivo se llama Crédito, para recordarnos que el dinero es sólo un instrumento a través del cual se da crédito, o bien, confianza. Gracias a este sistema de moneda, los damanhurianos quieren ennoblecer el concepto del dinero, al considerarlo no solo como un fin en sí mismo, sino como un instrumento funcional para los intercambios entre las personas.

En términos técnicos, el Crédito es una unidad de cuenta funcional, activa dentro de un circuito predeterminado y predefinido. Hoy en día, el Crédito, en nuestra comunidad, tiene el mismo valor que el euro.

En el cumplimiento de la ley italiana y las obligaciones administrativas, las operaciones en todas las actividades económicas presentes en Damanhur prevén y privilegian la circulación del crédito como sistema de intercambio interno. A su llegada a Damanhur, es posible para todos los visitantes y amigos proceder a la conversión de la propia moneda, en la oficina del

31

Welcome & University o en las máquinas de cambio distribuidos por el territorio.

Los créditos no utilizados se pueden volver a cambiar en euros en cualquier momento.

Encontrarás la **máquina** de **cambio Euro-Crédito** en **Damjl** (bajo el porche que está al lado del aparcamiento) y en la **Damanhur Crea**.

LA SOCIEDAD CIVIL

D amanhur es la prueba de que son posibles y realizables nuevas formas de sociedad como paso importante hacia la creación de un nuevo equilibrio social, económico, humano y cultural. Para los damanhurianos, vivir en comunidad significa abrirse al mundo, ser parte de un sistema social y político capaz de dar respuestas a las necesidades reales de los ciudadanos, en una perspectiva de servicio a la sociedad.

El reconocimiento concedido en 2005 del Foro Global de Asentamientos Humanos de las Naciones Unidas (ONU), afirma que Damanhur representa un modelo de sociedad sostenible ejemplar y reconoce el compromiso activo de los damanhurianos de poner al servicio de los demás la propia experiencia.

33

Desde 1980, al inicio de los primeros asentamientos en Baldissero Canavese, Vidracco y Cuceglio, la ciudadanía participa en las elecciones administrativas locales, provinciales y regionales, a través del movimiento político "Con Te, per il Paese", que considera el compromiso sobre el territorio, uno de los requisitos vitales para ser una Comunidad socialmente activa.

Al mismo tiempo, es importante crear espacios políticos y legislativos que tutelen y regulen la vida de las pequeñas y grandes Comunidades, como Damanhur

y muchas otras ecoaldeas, que tienen mucho que decir y ofrecer a la sociedad en la que estamos.

A nivel nacional italiano, Damanhur es una de las comunidades que ha propuesto la presentación al Parlamento de un proyecto de ley sobre las Comunidades intencionales, para reconocer la condición de "Comunidad" a las entidades que cumplan una serie de parámetros de transparencia, estructura social y duración en el tiempo.

Un compromiso de los ciudadanos damanhurianos, ha sido siempre el del voluntariado, como se ve en su participación en la extinción de incendios forestales (brigadas regionales AIB), en los equipos de Protección Civil, en la Cruz Roja Italiana y en el departamento de bomberos. Muchos damanhurianos han participado en diversas intervenciones humanitarias, como la "Misión Arco Iris" en Albania, para socorrer a los refugiados de Kosovo; en la emergencia tras el tsunami en Sri Lanka, en 2004; en el terremoto de L'Aquila, en 2009, y en muchas otras ocasiones en el Piamonte y en Italia.

35

UNA REALIDAD SOSTENIBILE

AUTOSUFICIENCIA Y PROTECCION DEL MEDIO AMBIENTE

L a visión ecológica damanhuriana, además de cultivar el respeto por la naturaleza, es también un modo de ser conscientes, como seres humanos, de cuán profundamente estamos unidos a cada elemento vital que nos rodea.

37

Los damnhurianos traducen estos principios en acciones prácticas y proyectos concretos, a través de distintos campos de interés: desde las energías renovables a la agricultura ecológica y desde la bioconstrucción a la medicina holística.

También la paz es un concepto en Damanhur conectado a la sostenibilidad global. Paz entendida no sólo como ausencia de conflicto, sino como creación de las condiciones de bienestar en todos los territorios, mediante una adecuada valoración de los recursos locales, para que cada pueblo pueda vivir felizmente en su propia tierra, en armonía con su ecosistema, sin depender de recursos externos.

La tendencia de Damanhur es la completa autosuficiencia por varios motivos: para adquirir y desarrollar el mayor número posible de capacidades (desde las pequeñas habilidades personales a las grandes competencias de las empresas especializadas), con el fin de tener la certeza de la calidad de aquello que se produce, y para ser capaces de afrontar cualquier necesidad.

Desde el punto de vista alimentario, por ejemplo, en Damanhur opera una cooperativa agrícola, que cubre gran parte de las necesidades con cultivos extensivos, hortícolas, frutícolas y la crianza de bovinos. En numerosas Comunidades existen pequeñas y grandes huertas, granjas y se procesan algunos alimentos, lo que asegura el concepto de autosuficiencia. Todo se produce de un modo rigurosamente biológico y sin transgénicos (ogm).

SOSTENIBILIDAD COTIDIANA

L a sostenibilidad en Damanhur significa estar involucrado en primera fila en la protección del medio ambiente, el desarrollo económico y la responsabilidad social. Significa también "crear sistemas" en diferentes ámbitos: desde la gestión del tiempo a nivel personal y colectivo hasta las grandes inversiones comunes como, por ejemplo, construir una casa pasiva que produce toda la energía necesaria para uso doméstico de electricidad, calefacción, etc. Ponemos también la atención en cambiar nuestros hábitos cotidianos, con el fin de mejorar el impacto ambiental y aprovechar los recursos.

39

Cada día en las Comunidades damanhurianas, construidas con materiales de bioconstrucción, se utilizan: fuentes de energía renovables (paneles solares y fotovoltaicos, calefacción geotérmica y de biomasa); se cosechan los productos biológicos de la tierra (verduras, frutas, cereales); se crían animales (abejas, gallinas, conejos, vacas, patos, pavos, ...); se cuidas el territorio (bosques o campos); se utilizan fosas sépticas biológicas como la Imhoff o sistemas de fitodepuración para aguas grises y negras; se recoge el agua de lluvia y manantiales para uso doméstico; se utilizan detergentes biológicos o de origen vegetal; se hace abono orgánico con los desperdicios de comida reutilizándolos en la agricultura.

En resumen, ¡se vive en contacto con la naturaleza sin renunciar a la tecnología, utilizándola de forma inteligente, tanto para los seres humanos como para el medio ambiente!

En el centro **Damanhur Crea**, en Vidracco, encuentras:
Tentaty: negocio de alimentación biológica y de productos naturales, **www.tentaty.it - tentaty@tentaty.it**
Edilarca: construcciones y servicios de ecosostenibilidad y biocompatibilidad,
www.edilarca.com - www.lacellulosa.com
Solera: energías renovables, instalaciones fotovoltaicas, paneles térmicos solares, de geotermia, biomasa y eólicos,
www.solera.info
Solios, soluciones para la construcción ecosostenible y biocompatible, **www.happyandhealthyliving.it**

EL RESPETO DEL TERRITORIO

E l planeta es un ser vivo que debe ser respetado y protegido. Por ello, Damanhur ha invertido, desde el principio, en recursos humanos y económicos, comprando y cuidando cientos de hectáreas de terreno agrícola y forestal.

En el Alto Canavese, por desgracia, muchos bosques de castaños han sido explotados para leña, con la consecuente pérdida de los grandes árboles frutales y de la biodiversidad que caracterizaba a los bosques locales.

A esto hay que añadir que, desde hace unos diez años, los castaños han sido atacados por la avispa de las agallas, un parásito muy agresivo, por lo que para hacer volver a los bosques a su estado original, además de la lucha contra esta avispa a través de su insecto antagonista, los damanhurianos pusieron en marcha en 1988 un importante programa de recuperación medioambiental, mediante la eliminación de toda la madera seca, la selección de plantas con el fin de darles su propio espacio vital y favorecer la reintroducción de las especies vegetales y animales ahora ausentes. Después de un gran trabajo de individualización de las especies vegetales biocompatibles, para cada zona, se procedió a su plantación y gracias a la biodiversidad reintroducida, muchas especies animales han vuelto al bosque de manera natural.

41

De igual manera, el cuidado del agua es una parte importante de este compromiso ambiental. En las comunidades damanhurianas, las fuentes y manantiales se mantienen limpios. El agua de lluvia se recoge en depósitos y se reutiliza para el riego de los campos, el uso doméstico y la lucha contra incendios en caso necesario. En áreas donde la topografía de la zona lo ha permitido, se han realizado biotopos, a través de la creación de lagos y la reintroducción de especies vegetales biocompatibles, siguiendo los principios de la permacultura.

También las abejas están presentes en todos los territorios de las comunidades damanhurianas como parte integrante del ciclo natural, con el fin de mantener la biodiversidad de las especies vegetales.

TECNOLOGIAS DE BAJO IMPACTO

E n la construcción de nuevas casas, así como en la renovación de casas antiguas, el objetivo es que se produzca un bajo impacto ambiental. La investigación y, sobre todo, la experiencia práctica, nos ha permitido experimentar con técnicas, materiales y soluciones innovadoras.

La bioconstrucción en Damanhur parte de la recuperación de materiales y del ahorro energético, por lo que podemos definirla mejor como "construcción bioclimática", que valora los elementos fundamentales de la sostenibilidad ambiental: sol, agua, vegetación, terreno y viento.

Los arquitectos damanhurianos parten del análisis de los materiales existentes y recuperan todo lo que es natural. Los nuevos materiales que se utilizan son totalmente ecológicos, como la arcilla, la madera o la cal natural.

Muchas intervenciones, como el aislamiento térmico y la instalación de paneles solares y fotovoltaicos tienen como objetivo el ahorro energético.

Las casas damanhurianas construidas recientemente son sanas, no contienen materiales tóxicos y están integradas en su entorno natural. Las casas más antiguas, en ruinas o casas abandonadas viven una segunda juventud.

43

Dos comunidades de Damanhur, Aval y prima Stalla, han sido galardonadas con una Bandera Verde por parte de la Fee Italia.

La FEE es una fundación internacional con sede en Dinamarca que promueve iniciativas de carácter ecológico y sostenible.

Para visitar **Aval y Prima Stalla**, u otros lugares de Damanhur, puedes dirigirte a la oficina del **Damanhur Welcome & University**, en Damjl. **www.damanhur.org** - Tel. **+39 0124 512226**.

"OLIO CALDO"

O *lio Caldo* es el nombre del primer experimento de autosuficiencia que se realizó en Damanhur. En 1985, todos los damanhurianos experimentaron por turnos un período en el que comían alimentos y llevaban ropa y calzado sólo de producción propia.

Para este propósito, se dedicó una casa damanhuriana, una cabaña aislada, en la cual las personas pasaban una o dos semanas (algunos periodos de algunos meses) de inmersión en esta dimensión de total autosuficiencia. También los medios de transporte se limitaban a dos bicicletas viejas y un antiguo vagón destartalado del que tiraban a mano. Fue un período relativamente corto para la mayoría de nosotros, pero vivido intensamente.

Ordeñábamos la única vaca que teníamos a las seis de la mañana para poder desayunar; hacíamos la ropa en el telar, la cosíamos a mano y la lavábamos con ceniza; caminábamos con zuecos de madera realizados por nosotros durante kilómetros para ir a recoger cañas con las que tejer cestas para llevar castañas y otros productos de la tierra; batíamos a mano la nata de la leche para obtener mantequilla; pedaleábamos por turnos para producir la electricidad necesaria para la única bombilla que había en la casa; comíamos como plato principal hierbas silvestres y frutos de temporada

45

recolectados; etc. ¡Fue una aventura que cambió la perspectiva de todos los que la vivimos!

Hoy en día, *Olio Caldo 4* representa la evolución del mismo concepto original: crear la autosuficiencia para una calidad de vida ampliada a los aspectos materiales y espirituales. Las dimensiones actuales del proyecto ya no son las de la cabaña de hace treinta años. En todo este tiempo, hemos comprado grandes extensiones de terreno agrícola, renovado una granja donde producimos verdura y cereales biológicos, construido invernaderos en todas las comunidades. Treinta años después, el espíritu pionero que caracterizó *Olio Caldo 1* está vivo y crea siempre algo nuevo.

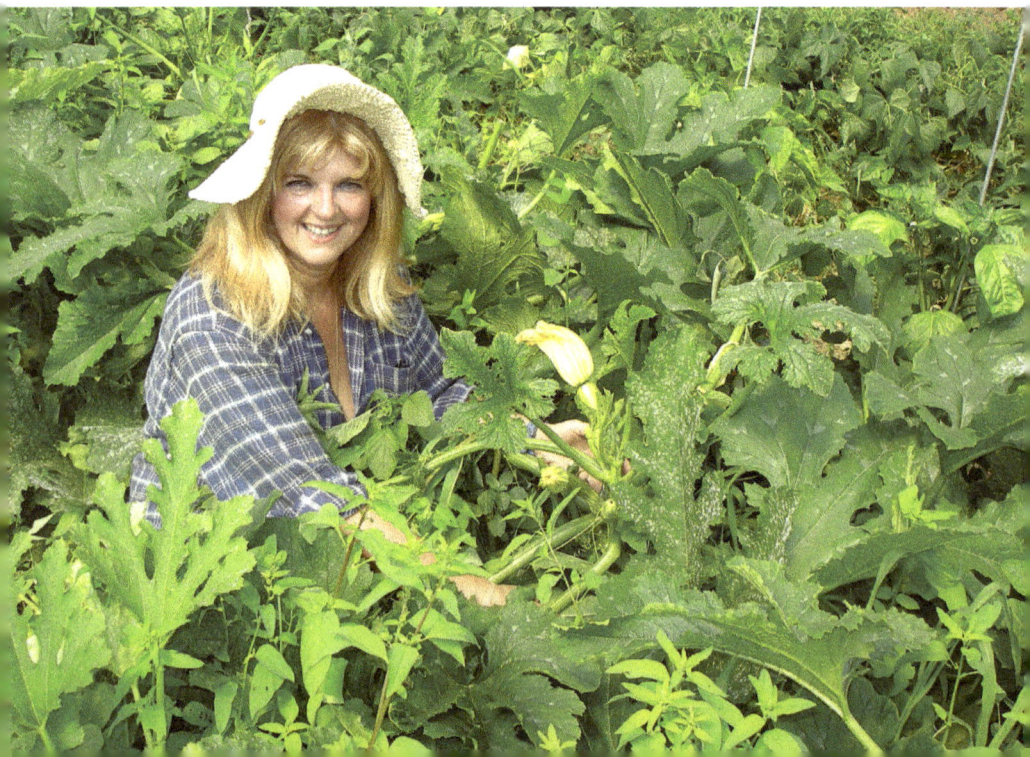

UNA ALIMENTACIÓN SANA

L a alimentación de los damanhurianos no es selectiva respecto al tipo de alimento, pero sí en cuanto a su calidad. En las comunidades damanhurianas se tiende a una alimentación omnívora, que incluye también la carne y los productos animales, con moderación y respeto, porque nutrirse es un modo también de apropiarse de la experiencia de las criaturas de las cuales nos alimentamos. Por lo tanto, una dieta variada, además de ser sana, permite una nutrición más completa desde el punto de vista espiritual. También hay ciudadanos de Damanhur que prefieren, por elección personal, una alimentación vegetariana, vegana o crudivegana.

47

Lo que caracteriza a los estilos alimentarios es el de la calidad del alimento. Todas las formas de agricultura, de cría de animales y de conservación se realizan en función de criterios biológicos, con el objetivo de evitar cualquier riesgo de contaminación transgénica.

Hoy en día, la primera y quizás, la única garantía de la autenticidad de lo que se come es saber de dónde procede y cómo ha sido elaborado.

Los damanhurianos se dedican a los cultivos extensivos, la horticultura y la ganadería para toda la Federación. Hay muchas otras iniciativas más pequeñas en las distintas comunidades: frutales, huertos, viñedos, colmenas de abejas, cría de cerdos, aves de corral, cría de peces y otras.

En la Toscana, donde viven muchos ciudadanos no residentes, algunos de los cuales son productores de vinos biológicos y biodinámicos, se ha comprado un olivar. En general, la producción de Damanhur abarca cereales, verduras, fruta, leche, huevos, carnes diversas, quesos, aceite de oliva, productos de panadería, vino y miel.

Puedes degustar comida biológica en:
- el bar-restaurante biológico **Arielvo** en Damanhur Crea en Vidracco - **Tel. +39 0125 789921**
- el bar-restauante biológico **Somachandra** en Damjl en Baldissero Canavese - **somachandra@damanhur.it Tel. +39 329 1725209**
- el agroturismo biológico **Il Tarassaco** en Cuceglio **agriturismoiltarassaco@gmail.com** - **Tel. +39 328 6489398 www.facebook.com/AgriturismoilTarassaco**
- el restaurante **Il Principe d'Oro** en Vidracco **www.principedoro.com** - **prenota@principedoro.com Tel. +39 0125 791125**

DAMANHUR CREA

Damanhur Crea es un espacio polivalente abierto al público, un "laboratorio vivo" donde las ideas y los sueños se traducen en objetos de arte, eventos culturales y proyectos eco-sostenibles. Es un ejemplo de sostenibilidad damanhuriana: cuatro mil metros cuadrados en los que conviven talleres de arte, empresas de producción y servicios, asociaciones de promoción social y espacios comunes de encuentro.

Está situada en una antigua fábrica de Olivetti, adquirida por Damanhur y reabierta en 2004. Este complejo fue creado por el empresario y reformador social Adriano Olivetti, en los años cincuenta para contrarrestar la creciente despoblación del valle y así permitir a los lugareños trabajar en la zona. El uso de este nuevo complejo es un ejemplo de recuperación de una zona industrial abandonada. El establecimiento se adaptó a las necesidades de las empresas y los servicios que se querían establecer, respetando las características deseadas por Adriano Olivetti de relación armoniosa entre el individuo, la empresa y el ámbito social.

Para los damnhurianos, Damanhur Crea no es sólo el lugar donde se va a trabajar, sino un contenedor de diversos aspectos de la vida, donde compartir con los visitantes, amigos y usuarios (bienestar, salud, arte y artesanía, cultura y espectáculo).

49

DAMANHUR crea

Damanhur Crea es una comunidad de empresas (aunque cada una es administrativamente, jurídicamente y económicamente autónoma e independiente), que tienen el objetivo común de dar un significado espiritual al trabajo, dando una oportunidad de cambio a ellas mismas y al mundo. Es un gran laboratorio donde el encuentro entre las personas y las ideas desarrolla y promueve servicios caracterizados también por los valores añadidos a esta búsqueda.

En Damanhur Crea hay varias empresas relacionadas con la distribución de alimentos, el diseño y la realización de edificios de bioconstrucción, un ambulatorio médico, varios servicios de bienestar y estética, talleres de arte y asociaciones de promoción social.

La lista completa de las empresas, asociaciones y actividades presentes en Damanhur Crea, puedes encontrarla al final de este libro, junto a las actividades presentes en otros lugares de Damanhur.

Damanhur Crea alberga también la **Sala de Congresos "Adriano Olivetti"**, un espacio luminoso, acogedor y poliédrico, adaptado para acoger eventos y manifestaciones de cualquier género.

La Sala de Conferencias, con capacidad para 200 personas, cámaras y pantalla grande para grabaciones y proyecciones en directo, equipos para la traducción simultánea en varias lenguas y la transmisión en directo por internet, es la instalación más moderma para la celebración de congresos y conferencias de la región de la Valchiusella. También es un moderno teatro, apto para espectáculos de recitación, música y danza. El equipo del Centro de Congresos provee de intérpretes, azafatas plurilingües y técnicos de audio y vídeo para cualquier clase de evento.

53

INVESTIGACIÓN Y EXPERIMENTACIÓN

LA EXPLORACIÓN DE NUEVOS CAMPOS

Los damanhurianos se consideran un Pueblo de artistas e investigadores. Investigadores en el amplio sentido de la palabra, con extensión a cada aspecto de lo existente, porque la vida es un campo de exploración continua.

En Damanhur elevar el espíritu no significa alejarse de la materia, sino "divinizar" cada forma. Para hacerlo sirve dar significado a cada acción realizada y a cada objeto producido, lo que añade valor a cada expresión. Por este motivo investigar y hacer experimentación forman parte de su estilo de vida cuyo objetivo no es solo el resultado final, sobre todo es la experimentación en nuevos campos.

Experimentar significa también buscar modos diferentes de hacer lo que ya se conoce y, contemporáneamente, abrir caminos aun poco conocidos, en todos los ámbitos y también en contacto con todos los campos de la vida: espiritual, social, cultural, de la sanación y del conocimiento del ser.

55

Cada conocimiento adquirido representa el punto de apoyo de aquéllos que aun adquiriremos, con una ampliación constantemente de los horizontes y yendo más allá de la idea de pararse en un punto de llegada.

La investigación, por tanto, refleja un modo de vivir y una continua ampliación de la propia experiencia, adquiere valor en sí misma, siendo más que un método operativo, un simple instrumento para obtener un resultado.

SALUD Y MEDICINA

L a salud no es la ausencia de enfermedad, sino la plenitud de la propia vida. Por esta razón, en la visión damanhuriana, está representada por el equilibrio entre el cuerpo y el espíritu.

Para mantenerlo, son necesarios hábitos saludables desde el punto de vista de la alimentación, la higiene y el estilo de vida, pero también la capacidad de salir de la rutina y adaptarse a cada situación, de desarrollar la creatividad y de tener buenas relaciones sociales. La prevención, que significa cuidar de sí mismo cuando se está bien, además de cuando se está mal, obviamente, es un aspecto fundamental de la salud.

La enfermedad es una importante fuente de cambio, que aparece por motivos diversos en la vida de cada uno.

Es una oportunidad para vivir una experiencia importante, puede representar un Grial que vierte sobre nosotros lecciones de vida que no hay que desestimar.

Otro concepto fundamental en el camino de la enfermedad a la salud es la responsabilidad personal. Cada uno es el artífice de su propia salud y de su camino hacia la sanación.

El terapeuta (sanador, médico, incluso el cirujano cuando es necesario), pueden ofrecer una ayuda importante, pero la sanción viene cuando la persona asume la responsabilidad de su propio Ser.

UNA MEDICINA INTEGRADA

L a medicina damanhuriana es preventiva y sincretista, porque utiliza numerosas técnicas adaptadas a la persona, a la prevención y al tipo de patología, asociadas siempre a su estilo de vida.

El modelo de salud al que nos referimos comienza con el parto en casa, pasa por el cuidado de la alimentación, y concluye con la preparación para una buena muerte. Se utiliza la pranoterapia como base y se hacen controles de salud de forma regular. Los métodos van desde la fitoterapia a la medicina de emergencia; desde la sélfica a los exámenes genéticos.

En Damanhur trabajan médicos, sanadores espirituales e investigadores holísticos, a disposición de quien lo desee con cita previa. Los médicos damanhurianos trabajan en los Centros de Medicina Integrada Crea Salute y FisioCrea en la Damanhur Crea.

El ambulatorio **Crea Salute** se encuentra en el Centro Damanhur Crea, en   Vidracco.
www.creasalute.it - Tel. +39 0125 789966
info@creasalute.it

LA MEDICINA DAMANHURIANA

Cuarenta años de experiencia en investigación han llevado a la individualización de las técnicas de tradición damanhuriana, que representan el primer nivel de intervención en el bienestar y la terapia. Son: la pranoterapia y la respiración; la hipnosis y las técnicas de relajación; el masaje y el auto-masaje; la fonocromoterapia (exposición a luces de colores asociadas con el sonido); y el uso de la Sélfica, una disciplina que permite crear estructuras hechas de metales, líquidos y tintas preparados, cuya unidad básica es la espiral, que facilita la protección y la recuperación de distintas funciones vitales.

El desarrollo de la investigación en el campo del bienestar a través de la Sélfica, es uno de los campos más importantes para los damanhurianos. En este ámbito se llevan a cabo experimentos con resultados verificados por muchos médicos. La Fundación Crea & Ricerca ha desarrollado un protocolo científico para verificar la eficacia de la intervención de la sélfica a nivel celular.

El campo de investigación más ligado a la historia de Damanhur es la pranoterapia, hoy también llamada Pranopráctica. Es una técnica que usa energía radiante que canaliza el sanador y emite a través de la imposición de manos. El sanador no transmite su energía, sino que conecta al paciente con la "bioenergía", es decir, la energía vital del planeta, que está a su vez en contacto con todo el universo.

59

Es un tratamiento sencillo, tan antiguo como el hombre, capaz de ayudar a mantener un buen estado de salud.

Falco Tarassaco descubrió que era un sanador espontáneo en su adolescencia. Con el tiempo, a través de la Escuela Airaudi de Pranoterapia, perfeccionó un método para formar a otros sanadores. Hoy, la Damanhur Welcome & University organiza la Escuela de Sanadores Espirituales, un recorrido de tres años de formación y crecimiento espiritual, a los que se pueden añadir dos años de especialización.

En el **Centro Damanhur Crea**, en Vidracco, puedes encontrar a los médicos damanhurianos en el ambulatorio **Crea Salud**; El centro de fisiokinesiterapia **FisioCrea** y el centro de bienestar-spa **Kythera**; otras applicaciones de Pranopractica.

LA SÉLFICA

L a Sélfica es un campo de investigación empírica, introducido en Damanhur a través de la investigación de Falco Tarassaco y los experimentos realizados junto con otros damanhurianos. Es una disciplina que permite concentrar y dirigir energías vitales e inteligentes para realizar diferentes funciones conectadas con el bienestar, la ampliación de la percepción y el desarrollo del potencial individual.

Sus estructuras están basadas en la espiral y utilizan metales, colores, tintas especiales y minerales, que tienen la capacidad de hacer de conductores de energías inteligentes ("fuerzas de los confines") que pueden ser usadas a través de diferentes planos de existencia, con las cuales es posible establecer una relación sinérgica. Construir una estructura sélfica es como poner a disposición un "cuerpo" que será utilizado por la self. La inteligencia de la self es la propia energía que gestiona la parte física de la estructura.

La interacción de una self con los individuos está siempre basada en el intercambio. La self selecciona las condiciones útiles para la vida física o para el desarrollo del potencial personal, conectándose a su campo energético a través de las "microlíneas", que son las líneas energéticas del cuerpo.

La energía inteligente de la self selecciona, armoniza y amplifica las frecuencias energéticas más útiles para desarrollar la función para la cual ha sido creada.

61

A cambio de ello, la inteligencia sélfica vive una experiencia interesante al participar en un sector del espacio-tiempo caracterizado por una relación diferente de leyes respecto al lugar del que proviene.

Otro campo de investigación conectado a la sélfica es la "pintura sélfica". Con esta técnica artística, las energías inteligentes se canalizan a través de formas bidimensionales basadas en el signo y el color. En las pinturas sélficas los metales utilizados por la sélfica "clásica" se traducen en colores y las tres dimensiones generalmente utilizadas se reducen a dos.

Los cuadros sélficos, de los cuales hay una exposición permanente en la Galería de Arte Niatel en la Damanhur Crea, proyectan señales e informaciones en el ambiente circundante y hacia el público. Las claves de interpretación de estos cuadros están en la combinación precisa entre la forma y el título, que enriquece la imagen con la poesía, capaz de tocar profundamente corazón, mente y alma.

63

Quien quiera experimentar una "Self"...

... en una de las posibles aplicaciones para el bienestar puede dirigirse al laboratorio **ELASEL** en la planta baja de Damanhur Crea;

... para ampliar las percepciones y con finalidad meditativa, aconsejamos dejarse guiar por una de las galeristas de **NIATEL**, la muestra permanente de Cuadros Sélficos para meditación (**www.quadriselfici.it**);

... para fines estéticos, se puede confiar al Instituto **KYTHERA**, el único SPA del mundo que prepara

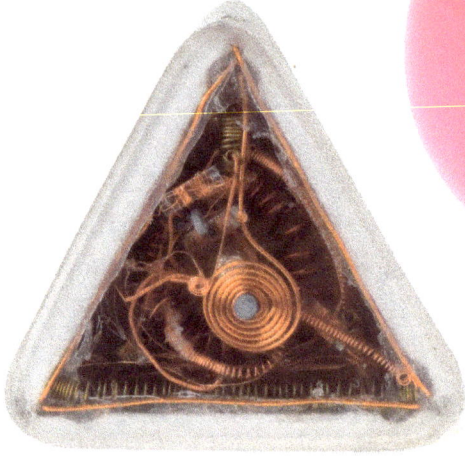

productos cosméticos con los potenciales que la sélfica puede ofrecer, como la utilización de instrumentos únicos estudiados ex profeso para la belleza y el bienestar;

... para el bienestar se puede dirigir a **TERAPEUTAS HOLISTICOS** como **Cavalluccio marino Arnica**, **Tucano** y **Calabrone Farro** en la planta baja de Damanhur Crea.

... para recibir un tratamiento de Pranoself, que es una aplicación de prana amplificada por estructuras sélficas, pueden dirigirse al **estudio de Pranoself** en Damjl, en Baldissero Canavese.

Quien quiera adquirir una "Self"...
... puede dirigirse al laboratorio **SELET** en la planta baja de Damanhur Crea, donde nacen muchas de las Selfs damanhurianas (**www.sel-et.com**).

Quien quiera adquirir una "joya sélfica"...
... puede dirigirse a la joyería **OCREA** en la primera Planta de Damanhur Crea, donde el arte sélfico se convierte en joya (**www.orocrea.com**).

Quien quiera saber más del arte sélfico...
... puede adquirir el libro *Spirali di Energia* en la Galería **Niatel** en Damanhur Crea;
... puede contactar con **Welcome & University** en **Damjl** para las numerosas otras posibilidades.

LAS LÍNEAS SINCRONICAS

E l motivo por el cual Damanhur ha sido erigida en el Alto Canavese es la presencia simultánea de cuatro líneas sincrónicas, que en esta área dan lugar a un cruce de especial intensidad.según las enseñanzas del fundador de Damanhur, Falco Tarassaco, las líneas sincrónicas son un sistema de comunicación que conecta a todos los cuerpos celestes en los que existe la vida. En la Tierra, hay dieciocho líneas principales conectadas entre sí a través de líneas menores. Las dieciocho líneas principales se concentran en los polos geográficos en una única línea para cada polo, que se proyecta hacia el universo.

A través de las líneas sincrónicas viaja a lo largo del universo todo lo que no tiene un cuerpo físico, como pensamientos, energías, emociones y estructuras de almas que habitarán un cuerpo en una nueva encarnación (También estructuras de almas que viajan hacia el umbral después de la muerte). La red de líneas sincrónicas es como el sistema nervioso central del universo y de cada planeta. Estar en contacto con las líneas sincrónicas significa estar en el centro de una corriente de pensamiento y de información que puede ser muy inspiradora, a la que se puede contribuir a través de la conciencia y la capacidad de dirigir los propios pensamientos.

67

Para conocer más, puede adquirir el libro *Linee Sincroniche* en **Damanhur Crea** y en **Damanhur Welcome & University**.

INVESTIGACIÓN Y EXPERIMENTACIÓN

EL MUNDO VEGETAL

L os damanhurianos investigan activamente desde siempre en el ámbito de la comunicación con las fuerzas de la naturaleza, llevados por el deseo de restablecer un equilibrio armonioso en la relación con la vida que alberga nuestro planeta.

En la visión espiritual damanhuriana, los seres humanos son parte de un ecosistema espiritual en el cual están presentes fuerzas e inteligencias con las que es importante establecer un contacto consciente, tanto como con las formas de vida presentes en el ecosistema ambiental en el que estamos inmersos. Nuestra evolución humana está fuertemente ligada a la alianza y a la reunificación de las fuerzas, físicas y sutiles, que habitan en este y otros mundos, a los que los damanhurianos llamamos "Mundos Madre".

Las plantas y los espíritus de la naturaleza son los seres que habitan estos mundos y una gran parte de la investigación en Damanhur está dedicada abrir vías para el contacto profundo con la "dimensión" de las plantas y de los espíritus de la naturaleza.

TEMPLO BOSQUE SAGRADO

U n ejemplo de esta investigación de contacto es el Templo Bosque Sagrado. Damanhur ha invertido mediante la compra de numerosas hectáreas de bosque que, a menudo, habían quedado reducidas por los propietarios anteriores a reservas de madera para la calefacción, tras haber sufrido décadas de explotación intensiva.

En la filosofía damanhuriana, un bosque es un lugar mágico, donde la complejidad de la vida se expresa en un entramado armónico de muchas formas de vida animal, vegetal y sutil. En las enseñanzas de Falco Tarassaco, nuestro plano de existencia está divido en algunos mundos-madre: el mundo de los seres humanos, el de los espíritus de la naturaleza y el vegetal.

En el Templo Bosque Sagrado, hoy existen espacios dedicados a la meditación y al contacto con los árboles y los espíritus de la naturaleza del lugar, con el objetivo de acercar los mundos-madre entre sí. Se han creado también muchos recorridos con forma de espirales y laberintos, con piedras pintadas de alegres colores colocadas sobre la tierra. Cada uno de ellos tiene una función diferente, pero están todos conectados con las Líneas sincrónicas, que envuelven a los Templos de la Humanidad.

Muchas experiencias e investigación han hecho del Bosque un lugar vivo y lleno de historia, desde experimentos de supervivencia, que han estimulado la transformación individual, hasta la investigación sobre la sensibilidad del mundo vegetal.

71

Para visitar el **Templo Bosque Sagrado**, recorrer los Laberintos, vivir la experiencia de un día en el Bosque, puedes informarte en **Damanhur Welcome & University**, en Damjl, en Baldissero Canavese, donde podrás recibir información.

www.damanhur.org - Tel. +39 0124 512226.

ORIENTACIÓN DE ARBOLES

L a Orientación de los árboles es una iniciativa en la que no sólo participan los damanhurianos, también participan muchos amigos de todo el mundo. Tiene como finalidad el acercamiento entre el mundo de los humanos y el mundo de los seres vegetales.

Los árboles son las grandes antenas vivas de nuestro planeta. En el solsticio de verano, ellos lanzan una señal en el cosmos sobre el estado de salud de nuestro planeta y en el solsticio de invierno reciben una señal de retorno. A causa del ser humano, que está destruyendo la naturaleza, desde hace muchos años su mensaje se ha convertido en un llanto de desesperación. El compromiso de los damanhurianos y de todos los que sostienen esta iniciativa es transformar este llanto en un concierto de árboles felices.

La orientación de los árboles es una gran aventura, apasionante y divertida, un proyecto al que cualquiera puede unirse aplicando una técnica sencilla, que consiste en acercarse al árbol con un péndulo sélfico y girar a su alrededor, como para abrazarlo.

73

Para información sobre la Orientación de árboles
Entra en www.globaltreenetwork.com

Puedes escuchar la **Música de las Plantas** en la Damanhur Crea en la recepción que está en la planta superior y delante de Solerà en la planta inferior.

También en **Damjl** en Baldissero Canavese junto a la oficina **Welcome & University**, en el **Bosque Sagrado** y en otros lugares, incluso conciertos. Para ésto infórmate en **Welcome & University** www.damanhur.org - Tel. **+39 0124 512226**.

Puedes adquirir un aparato de Música de las Plantas en:

- **Solerà** en la Damanhur Crea
- **Damanhur Welcome & University** en Damjl
- **www.musicoftheplants.com**

MÚSICA DE LAS PLANTAS

L a investigación sobre la Música de las Plantas comenzó en Damanhur en 1976. Los investigadores damanhurianos en este campo crearon un instrumento capaz de captar las variaciones electromagnéticas de la superficie de las hojas y las raíces y convertirlas en sonidos.

El deseo de un contacto profundo con la naturaleza ha inspirado también los Conciertos de las Plantas, en los que los músicos tocan acompañados por melodías creadas por los árboles, que aprenden a controlar sus impulsos eléctricos y por lo tanto a modular las notas, como si fueran conscientes de la música que producen. La investigación ha continuado y hoy día el equipo utilizado en los conciertos está disponible al público, para poder compartir con quien lo desee esta profunda experiencia de comunicación con el mundo vegetal.

Los conciertos de Música de las Plantas se realizan de forma regular en Damanhur, y se han presentado en festivales de Europa, India, Estados Unidos y Canadá. Muchas de estas experiencias se han grabado y recopilado en colecciones musicales o en CDs.

Puedes adquirir el libro *Musica de las Plantas* y **cds** en la tienda **Tentaty** en Damanhur Crea y en **Welcome & University** en Damjl.

UNA CULTURA COMPARTIDA

UNA LARGA HISTORIA

Detrás de cada elección en Damanhur hay motivaciones filosóficas y espirituales. El sueño de realizar una sociedad sostenible nace de la idea de que la vida, en cada una de sus manifestaciones, es una expresión de la misma energía divina. La convicción de que se debe hacer todo lo posible para despertar la conciencia de cuán profundamente estamos unidos a cada elemento vital que nos rodea, ha llevado a los damanhurianos a invertir no sólo en la sostenibilidad ambiental, social y económica, también en la sostenibilidad cultural. Los damanhurianos han creado mitos, cuentos, representaciones teatrales y formas de expresión para crear unión entre las personas y compartir valores y principios. En el fondo, Damanhur es como una larga historia, compartida con diferentes lenguajes, y así, adultos y niños, ciudadanos damanhurianos y amigos, nos contamos nuestras historias y nos escuchamos unos a otros.

La creación de una cultura original es un aspecto fundamental en el concepto de sostenibilidad en el

77

concepto de sostenibilidad en Damanhur, en donde todos se esfuerzan por hacer "poética cada acción" y "concreta cada poesía".

Y así, poco a poco, han nacido mitos originales, propuestos inicialmente por Falco y después desarrollados por muchos damanhurianos en obras de teatro y composiciones musicales. Siempre los roles de los autores y de los espectadores son circulares: quien escribe, quien pinta, quien aplaude (o silba a veces), quien critica, quien interpreta, quien proporciona la inspiración y quien la traduce. Son las mismas personas en diferentes roles, dependiendo de si se habla de teatro, música, pintura ...

Incluso la costumbre de decorar y pintar las paredes exteriores de las casas con flores, plantas y animales, que nos recuerda la importancia del ecosistema en el que estamos inmersos, responde al deseo de identificación y a historias colectivas.

La cultura no es sólo para los intelectuales y el arte no es sólo para los expertos. Ambos son sentimientos populares, que crean la trama y los hilos sobre los que fluyen los ideales y los valores compartidos. Los Templos de la Humanidad, en los cuales se encuentran aspectos culturales, artísticos y espirituales de la experiencia damanhuriana, son la mejor representación de esta visión.

UN PUEBLO DE ARTISTAS
(Y ASPIRANTES...)

En Damanhur todos puedes expresar su parte creativa, soñar y dar vida a experiencias y obras nuevas. Vivir con espíritu artístico permite añadir valor y significado a las acciones de cada día, superar el resultado anterior abriéndose a la intuición y al intercambio con los otros, para hacer de nuestra existencia una verdadera obra maestra.

El arte es el canal privilegiado a través del cual han tomado voz y forma el conjunto de los valores y de los significados que caracterizan, desde los orígenes, la vida y la filosofía damnhuriana. A través del arte, los ciudadanos damanhurianos exploran su propio potencial creativo, incluso los que no tienen ninguna experiencia en el campo artístico. Muchos han empezado, de hecho, como autodidactas a experimentar incluso las artes más refinadas, como la taracea en mármol o las vidrieras tiffany. Con los años los resultados alcanzados han premiado la iniciativa con la que, juntos, se han creado obras únicas por su grandeza y originalidad.

El testimonio más significativo de todo lo adquirido en este recorrido de investigación artística común son los Templos de la Humanidad, una compleja red de salas y corredores subterráneos excavados a mano, transformados en un cofre de arte y significados.

La filosofía damanhuriana se basa en la idea de que la obra más preciosa a realizar sea dentro de ti, a través de las experiencias que te hacen más maduro, consciente y creativo, por lo que "hacer arte" es un concepto ampliado a cada aspecto de la vida.

La experiencia artística ha estado siempre abierta a todos los amigos y visitantes, que a lo largo de los años han venido. Muchas de las instalaciones artísticas que se hallan en nuestros territorios han nacido de la contribución de todos ellos, a través de cursos y seminarios.

Cada damanhuriano se concentra al menos en una forma de arte (dedica tiempo a cultivar su propia manera de ser artista) y año tras año se forma un gusto más preciso, a través de la individualización de cánones compartidos, que derivan en diferentes formas expresivas y figurativas. Hoy, desde las pinturas de las salas de los Templos a los sketches teatrales, que alegran muchos encuentros públicos, la expresión artística es un elemento presente en la vida de cada damanhuriano, en la cual cada uno es por turnos autor y espectador (dependiendo del ámbito y del momento).

El concepto de artista es el de médium del pueblo. El pintor, el escritor, el escultor es el que sabe encauzar la inspiración que proviene de todos los damanhurianos mediante sus manos, su ingenio, su voz, a la realización colectiva. Por este motivo, la obra realizada es un elemento de identidad común, en la cual cada damanhuriano reconoce una parte de sí mismo viva.

Puede encontrar las **obras de los artistas damanhurianos** en el taller que está en **Damanhur Crea** en Vidracco.

LOS TEMPLOS DE LA HUMANIDAD

D amanhur es visitada cada año por miles de personas, atraídas por su historia, por su recorrido de regeneración y estudio.

La mayor parte de los visitantes llegan por el reclamo de los Templos de la Humanidad, la gran construcción subterránea excavada a mano en la roca por ciudadanos de Damanhur, que representa una obra de arte sagrada única en el mundo, dedicada a la naturaleza divina de cada ser humano. En esta obra, surgida gracias a la devoción de los damanhurianos, el amor por la vida y la belleza caracterizan cada tesela de los mosaicos, cada pincelada de color o cada pedacito de vidrio y crean un puente entre nuestro pasado antiguo y el presente, para trazar un futuro hecho de armonía espiritual entre los seres humanos y los Dioses.

Los Templos son un gigante libro tridimensional que narra la historia del Hombre, a través de todas las formas de arte, un recorrido de despertar al Divino dentro y fuera de uno mismo. Aquí, todo tiene un significado: el color, la medida, cada detalle sigue un código preciso de formas y proporciones. Cada sala tiene su "frecuencia" específica y su propia voz, también audible en los instrumentos musicales que hospeda.

Los Templos de la Humanidad, simbólicamente, representan las estancias superiores de cada ser humano. Caminar a través de las salas y corredores equivale a un profundo viaje al interior de uno mismo.

81

Los Templos tienen un volumen de 8500 metros cúbicos construidos en cinco niveles que se comunican entre sí mediante cientos de metros de pasillos. Están conectados a las cuatro líneas sincrónicas que circulan en esta zona y que crean un "nodo intenso". Es un punto en el que confluyen las Líneas formando una gran antena, a través de la cual se reciben mensajes, intuiciones, informaciones del planeta y de todo el Universo.

Para los damanhurianos, las salas de esta gran obra subterránea son laboratorios donde arte y ciencia, tecnología y espiritualidad, se unen en la investigación de nuevas vías para la evolución de la humanidad. Como sucedió en la Edad Media y en el Renacimiento en torno a la elaboración de grandes catedrales, la construcción de los Templos de la Humanidad ha dado impulso a la creación de talleres artísticos y artesanales, gracias a los cuales Damanhur es reconocida en todo el mundo.

85

Los ciudadanos de Damanhur realizan celebraciones y encuentros en los Templos ligados al camino espiritual de cada uno y todos contribuyen al mantenimiento y al desarrollo de las obras de su interior.

Los Templos de la Humanidad se pueden visitar todos los días y sus salas acogen visitas guiadas y meditaciones individuales o en grupo, previa solicitud.

Puedes reservar tu visita a los **Templos de la Humanidad** en el **Damanhur Welcome & University**, en Damjl (Baldissero Canavese) - **www.damanhur. org Tel. +39 0124 512226**. Para saber más sobre los Templos de la Humanidad visita **www.tempio.it**

VISION ESPIRITUAL

UNA FILOSOFIA DE VIDA

D amanhur nace y se desarrolla como experiencia espiritual. Su filosofía, inspirada por su fundador Falco Tarassaco, se basa en el pensamiento positivo, la acción y la idea de que cada ser humano vive para dejar algo de sí mismo a los demás y contribuir a la evolución de la Humanidad.

En la visión espiritual damanhuriana, los seres humanos son parte de un ecosistema espiritual en el que hay fuerzas e inteligencias con las cuales es importante establecer un contacto consciente. En este ecosistema, encontramos entidades a las que, en formas diferentes, la humanidad se refiere desde siempre: desde los espíritus de la naturaleza que viven en los bosques, hasta las divinidades presentes en los panteones de muchos pueblos.

Los seres humanos participan en este ecosistema porque tienen una chispa divina. La meta del camino espiritual damanhuriano es el despertar de esta chispa divina, que corresponde al potencial positivo presente en cada uno. Despertar este principio divino significa reconocer que la espiritualidad impregna cada momento de nuestra

87

existencia, las veinticuatro horas del día, desde nuestro nacimiento hasta la muerte.

En Damanhur, la visión ideal de la relación entre seres humanos y dioses se resume en el concepto de la "Tríada". En la Tríada, las divinidades de todos los pueblos del planeta, que a menudo han estado separadas y en conflicto, están conectadas en armonía. Las que tienen mitos y características similares se unen entre sí con la intención de crear una nueva alianza planetaria entre las fuerzas divinas y la humanidad, capaz de despertar las conciencias y un sentimiento de unidad de los seres humanos a través de ellas.

LA ESPIRITUALIDAD LAICA

No es un culto ni una religión, puesto que no proporciona una Verdad revelada a la cual atenerse. El mensaje espiritual de Damanhur invita a cada ser humano a buscar dentro de sí las respuestas a las preguntas fundamentales de la vida a través del intercambio y la confrontación con los demás.

La filosofía damanhuriana considera a los seres humanos y a los dioses en el mismo camino evolutivo. Los dioses, aunque con características diferentes, forman parte, como nosotros, de la misma naturaleza del universo. Son parte del mismo ecosistema en el que cada inteligencia, ser humano, espíritu y divinidad realiza la propia evolución en relación a la de los demás.

La creencia de que la humanidad posee un origen divino influencia nuestra relación con las divinidades. Para los damanhurianos, esta relación se basa, en términos laicos, en el respeto y el intercambio. Los rituales son el lenguaje con el que comunicamos con las fuerzas divinas, y no un acto de sumisión o de devoción. De hecho, el objetivo principal de la iniciación que tiene lugar en la Escuela de Meditación es establecer una alianza entre seres humanos y dioses, con el fin de apoyar a ambos en su camino evolutivo.

89

El despertar del origen divino de cada ser humano puede darse recorriendo caminos espirituales muy diferentes, porque en el centro de la investigación espiritual, están los individuos con su gran diversidad, que representa la verdadera riqueza de la que disponemos. Crecer, transformarse y mejorar como seres humanos significa en Damanhur ampliar cada vez más la capacidad de conocimiento y la empatía con la vida que nos rodea en todas sus formas.

El mensaje espiritual damanhuriano es accesible a cualquier persona que desee profundizar en él. Desde el principio, Falco Tarassaco, fundador y líder espiritual de Damanhur, puso a disposición sus enseñanzas, tanto en forma de cursos y talleres, como mediante diversos escritos y publicaciones.

LAS CUESTIONES

L as Cuestiones son fórmulas dinámicas, temas que se pueden usar para meditar y en la vida cotidiana. Su formulación es el resultado de los logros colectivos de Damanhur, pero cada persona puede interpretarlos de acuerdo con sus talentos y características.

La **Primera** Cuestión hace hincapié en la importancia de la acción y de la elección, para vivir la vida plenamente y con pureza de intención.

La **Segunda** Cuestión requiere constancia y continuidad, para dar significado y peso a las decisiones tomadas, y subraya la importancia de mantener la palabra dada.

La **Tercera** Cuestión invita a cambiar la lógica, para acoger nuevos puntos de vista de uno mismo, de la vida y de la dimensión sagrada de la existencia. Es el primer paso en la creación de una civilización y de una cultura.

La **Cuarta** Cuestión, específicamente femenina, alienta a hombres y mujeres a descubrir su lado femenino, la disponibilidad y la conciencia profunda de representar un elemento estable de unión.

La **Quinta** Cuestión pone la atención sobre la energía masculina presente en cada persona y la capacidad de vivir en la constante y armónica revolución interior.

La **Sexta** invita a unir dentro de uno mismo los principios masculino y femenino, para activar el poder de creación,

91

no sólo de la vida, sino también de su representación a través del arte, la creatividad, la generosidad y la bondad.

La **Séptima** Cuestión requiere utilizar la duda y la adaptabilidad como herramientas de investigación para abandonar todos los dogmas y las certezas, y para descubrir lo que es verdad en nuestro interior, más allá de las apariencias. Por último, la Octava Cuestión invita a proyectar la atención hacia los demás. Habla del amor y de la enseñanza, como instrumentos para transformar el mundo que nos rodea; del estudio, como necesidad espiritual y de la elección irreversible del ideal de cada uno, para despertar el principio divino y estar "al servicio del mundo".

FISICA ESPIRITUAL

S egún la filosofía damanhuriana, junto a las leyes de la física y de la química, existen leyes de una ciencia paralela que explica el nacimiento de las formas y de la vida desde el punto de vista de las energías espirituales que existen en el universo.

De la investigación y la exploración en este campo, siguiendo las enseñanzas de Falco Tarassaco, nace la "Física Espiritual", también llamada Física Esotérica. En un camino espiritual, la investigación que realizamos fuera de nosotros mismos es siempre un camino que conduce a nuevos descubrimientos también dentro de nosotros. En esta óptica, la investigación de la realidad desde la perspectiva de la física espiritual es complementaria a la de la Escuela de Meditación, ya que comparten el mismo objetivo.

La Damanhur Welcome & University organiza regularmente seminarios y cursos de Física Espiritual para quien desee profundizar en estos temas.

Puedes pedir información sobre cursos de Física Epiritual en la Damanhur Welcome & University, en Damjl, en Baldissero Canavese www.damanhur.org - Tel +39 0124 512226. Puedes profundizar en el tema con el libro *Física Espiritual*.

ESCUELA DE MEDITACIÓN

La Escuela de Meditación de Damanhur es un camino de búsqueda espiritual basado en el compartir y en la transformación de uno mismo, dirigido a despertar la parte divina contenida dentro de cada ser humano a través del poder creativo del pensamiento positivo. En cuarenta años de historia, ha enriquecido y estimulado la vida de las Comunidades espirituales de la Federación Damanhur y ha acogido a buscadores espirituales de todo el mundo. La Escuela de Meditación prevé la activación de una relación directa con las fuerzas del ecosistema espiritual a través de una iniciación. La participación en los cursos conlleva un coste mínimo, ya que no se puede poner un precio al conocimiento al que se accede. En los primeros encuentros, se profundiza sobre los significados de la vida, de las leyes y de las fuerzas que rigen el universo. Sucesivamente, cada participante escoge su propia dirección a través de las Vías Espirituales, que representan seis caminos específicos en los cuales se traduce a la práctica todos los aspectos de la espiritualidad damanhuriana según las propias características y preferencias personales. A partir de un cierto nivel, los mismos miembros de la Escuela determinan los temas de investigación.

En la visión damanhuriana un camino espiritual auténtico conduce al despertar del maestro interior, a través de un proceso de refinamiento de las propias percepciones y de

94

las transformaciones de los propios límites, que sucede cuando se está abierto a la ayuda que podamos dar y recibir de los demás.

La Escuela de Meditación enseña a no delegar en nadie externo la propia evolución espiritual. Por esta razón, Meditación se entiende como una forma de vivir las veinticuatro horas del día, un camino en el que la Escuela puede durar toda la vida, si uno lo desea.

La Escuela de Meditación propone también el Camino hacia la Libertad Espiritual, que desarrolla las enseñanzas de Falco Tarassaco a través de una serie de reflexiones y de experiencias que tiene cada persona en la propia experiencia espiritual (aunque no esté ligada directamente a Damanhur) y en la búsqueda de la propia misión de vida.

95

Para informarte sobre la Escuela de Meditación
escribe a: damanhurmeditazione@damanhur.it

FALCO TARASSACO,
EL FUNDADOR DE DAMANHUR

D amanhur ha sido fundada por Falco Tarassaco, Oberto Airaudi, al que los damanhurianos consideran como guía espiritual.

Falco es un hombre que ha creído fuertemente en sus sueños, hasta implicar a los demás, dándoles también un modo de soñar. Ha dejado el cuerpo en junio de 2013.

En 1975, cuando ya es conocido como pranoterapeuta, sensitivo, parapsicólogo, junto a algunos compañeros, Falco sienta las bases para lo que se convertirá en Damanhur. Siente que tiene una misión importante: crear una sociedad espiritual basada en la investigación y en la acción práctica, en la que mujeres y hombres experimenten un nuevo equilibrio entre los seres humanos, las fuerzas divinas y las fuerzas naturales.

Para hacer esto se dedica al estudio del potencial humano, de las energías profundas de la naturaleza, de las tradiciones mágicas y esotéricas, proponiendo nuevas y originales experiencias, como el estudio de las espirales y sus energías (la Sélfica), una peculiarísima pintura visionaria, y, sobre todo, una revisión de los mitos clásicos, donde la clave es poner al ser humano en el centro de la relación naturaleza-humanidad-fuerzas divinas.

Falco fue un incansable investigador en diferentes campos y sobre sus investigaciones mantuvo un intenso diálogo con los damanhurianos a través de los encuentros que se celebraban

97

los jueves por la tarde y que condujo ininterrumpidamente desde 1988 hasta pocos días antes de la muerte.

El carisma de Falco era el de un hombre fuertemente convencido de su misión y capaz, por tanto, de dedicarse a ella con una energía y coherencia prodigiosas. Más allá de su sonrisa, su inteligencia vivaz y aguda, sus inagotables ideas, impresionaba por su capacidad de mantenerse siempre concentrado en el objetivo Damanhur, al cual dedicaba toda su atención.

Y esta absoluta dedicación creó con frecuencia una repercusión en los que se pusieron en contacto con él: su vitalidad y deseo de acción, de realizar un mundo nuevo, comenzando con Damanhur, crearon un contagio inevitable.

Para los damanhurianos, Falco ha sido y es su Guía espiritual, un hombre dotado de la capacidad de entrar en contacto con los grandes depósitos de conciencia del universo, de recabar informaciones útiles para dar vida a nuevas ciencias y nuevos paradigmas espirituales, como la Física Espiritual, las Cuestiones, su visión del Ecosistema espiritual, el Rito, La Iniciación. Todos ellos recogidos en la Escuela de Meditación de Damanhur, el corazón de su enseñanza.

En Damanhur hay dos lugares concretos donde los damanhurianos y visitantes pueden tener un contacto directo con la obra de Falco Tarassaco. El primero es la Galería de cuadros sélficos "Niatel", en la Damanhur Crea, donde se exponen los lienzos de Falcos y de sus discípulos, continuadores de la pintura sélfica.

El segundo es el Museo "Falco Tarassaco – Oberto Airaudi", que está en la Comunidad de Aval, dedicado a su vida y a sus enseñanza.

99

Encuentras los **cuadros sélficos** de Falco Tarassaco en la Galeria Niatel, en Centro Damanhur Crea en Vidracco. **www.quadriselfici.it**.
Puedes también encontrar sus libros en el **Tentaty** y en la Galeria **Niatel** en el Centro Damanhur Crea en Vidracco Y en **Damanhur Welcome & University**, en Damjl, en Baldissero Canavese.

EL PUEBLO ESPIRITUAL

E l Popolo Spirituale ("Pueblo Espiritual")
representa una extensión del concepto de popolo
damanhuriano. Está abierto a cualquier persona, según
sus convicciones, que desee contribuir al crecimiento
espiritual y material del planeta, a través de la solidaridad,
el respeto mutuo y el amor por el medio ambiente. Hoy
en día, son parte del Popolo Spirituale personas que viven
en todo el mundo y que tienen filosofías y creencias muy
diferentes unas de otras. Lo que importa es el deseo de
crecer, de respetar a todos los seres y toda la diversidad
que habita nuestro planeta, de buscar nuevas preguntas y
nuevas respuestas. El Popolo es un contenedor de ideales,
de modo que cada uno a su manera (laica, espiritual o
religiosa) se sienta unido a los demás como una sola cosa.

El Popolo espirituale es una entidad colectiva, viva y
en constante evolución, que nace de la integración de
las características, experiencia y aspiraciones de todos los
que deciden formar parte de él. Conecta energéticamente
a sus integrantes, contiene sus experiencias y las pone a
disposición de todos los componentes.

En la filosofía de Damanhur, una súper-entidad de
este tipo, tiene una inteligencia y recursos mayores que
los que se derivarían de la simple suma numérica de sus
miembros. Podemos comparar el Popolo espiritual con
un cuerpo humano en el que cada persona es una célula

y, a través de la interacción con otras células, desarrolla funciones de otro modo impensables. Para expresar este concepto, al refirirse en particular a la Comunidad de Federaciones y a los grupos de investigación formados por los ciudadanos, los damanhurianos usan también el término de "superindividuo", que da énfasis a cómo cada uno contribuye a formar y a reconocerse en un gran individuo colectivo.

Ser Popolo significa compartir ideales, cultura y arte, y participar en modelos de vida adheridos a esos principios, valorando las diferencias e integrándolas en un sueño común: el despertar de la Humanidad. El Popolo espiritual es una reserva de fuerza espiritual, del cual quien elige formar parte de ella puede recibir energía e inspiración.

101

Para informarte y ser parte del Popolo spirituale de Damanhur escribe a: **popolo@damanhur.it**

CÓMO PARTICIPAR

E ntrar a formar parte del Popolo espiritual es muy sencillo: escribiéndonos a popolo@damanhur.it puedes tener un primer contacto y recibir información más detallada. Posteriormente, es importante venir a visitarnos a Damanhur.

La participación en el Popolo no depende de ser ciudadano o vivir en Comunidad, de hecho, forman parte muchos amigos de diferentes orígenes, pero lo que sí es importante es conocer directamente la realidad de la que todo nace ¡y darse a conocer!

La conexión con el Popolo se produce a través de una ceremonia de entrada, íntima y sencilla, en la que se da una pulsera que conecta a cada individuo con todo el Popolo.

Los miembros del Popolo espiritual están conectados tanto a nivel energético como práctico, a través de una red de intercambio que les permite estar informados. Los miembros del Popolo se ayudan entre sí con un sentido de hermandad. Quien forma parte del Popolo espiritual piensa de forma positiva y con optimismo, dando vida, a través de una dimensión tanto individual como de grupo, a los acontecimientos que son positivos para el futuro del planeta y sus habitantes.

DAMANHUR EN EL MUNDO

LA PROPUESTA DE UNA EXPERIENCIA

D amanhur difunde en el mundo su mensaje espiritual inspirado en el despertar del potencial individual a través de la vida comunitaria, el amor y el respeto por la vida, la solidaridad y el idealismo práctico.

Cada día su compromiso por un mundo mejor, con la esperanza de inspirar a otros a hacer lo mismo, animando a quien desea trabajar profundamente para cambiar su futuro y el del planeta.

107

Damanhur ofrece cuarenta años de experiencia para apoyar el crecimiento de nuevas comunidades intencionales. No nos interesa hacer proselitismo (por otro lado, Damanhur está hecha de "ciudadanos", no de secuaces o de fieles).

Nuestro objetivo es promover una visión diferente de cómo los seres humanos pueden vivir juntos en este mundo, a través de la creación de muchas comunidades diferentes y la valorización de las identidades culturales de los pequeños pueblos.

Por este motivo, el concepto damanhuriano de "Comunidad" es el de un gran organismo social y

espiritual que dialoga intensamente con el mundo, desde el territorio circundante a países más remotos, para que propongan su visión de la vida y del futuro.

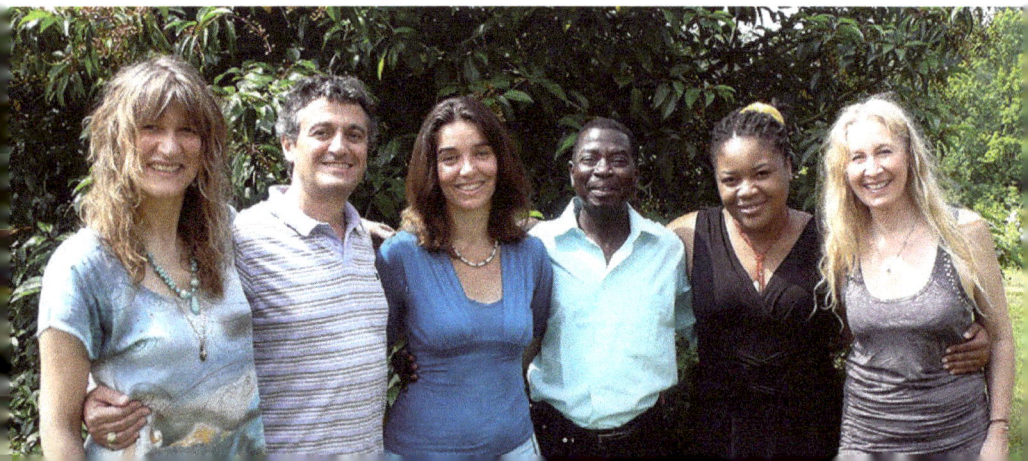

LOS EMBAJADORES

L os embajadores son "damanhurianos con maleta", que viajan por todo el mundo para difundir la experiencia de Damanhur y las enseñanzas de Falco Tarassaco.

En muchas naciones, han desarrollado relaciones con otras organizaciones holísticas, que acogen regularmente conferencias, cursos y actividades relacionadas con Damanhur.

Cada embajador se ocupa de un área geográfica del mundo que visita regularmente, creando poco a poco una red de amigos. Entre las diferentes actividades están el Curso de Meditación, la actualización de lo que está sucediendo en Damanhur, cursos formativos de la Damanhur Welcome & University, cursos sobre Libertad Espiritual y la orientación de los árboles.

109

Los embajadores trabajan actualmente en Croacia, Francia, Alemania, Japón, Dinamarca, Noruega, Países Bajos, España, EE.UU., Canadá y Suiza. Uno de sus objetivos es ayudar a la creación de Centros Damanhur, donde se hacen eventos y actividades junto con otros damanhurianos para ofrecer de forma completa las experiencias y enseñanzas en todos los ámbitos.

La información de los diferentes contactos la encuentras en www.damanhur.org/es/**compartir-experiencias/ damanhur-en-el-mundo**

I CENTRI DAMANHUR

LOS CENTROS DAMANHUR

L os Centros Damanhur son la sede de actividades, investigación y divulgación conectadas a la Federación. En estos centros, entre otras actividades, se imparten cursos y seminarios de la Escuela de Meditación y la Damanhur Welcome & University. Los temas que tratan están relacionados con las características del territorio y de las personas. Puede haber actividades relacionadas con la agricultura, la artesanía, el arte, el voluntariado, etc.

Una característica común de todos los centros de Damanhur, desde la apertura de la primera sede histórica en Turín, es la de acoger estudios de Pranoterapia y de Medicina Holística.

Damanhur se desarrolló inicialmente gracias a la estructura de los centros. En 1975, cuando soñábamos con la creación de la primera comunidad, ya existían algunos centros en las principales ciudades del Piemonte, en Italia.

Hoy los Centros Damanhur están presentes en toda Italia, en algunos países europeos e incluso en Japón. En muchos casos, los miembros de los centros son ciudadanos de Damanhur que residen en el extranjero, los llamados ciudadanos no residentes.

Al comienzo del 2015, los Centros Damanhur activos eran los siguientes:

111

En Italia

Bérgamo, Bolonia, Florencia, Milán, Módena, Turín y Verona.

En el mundo

Kobe (Japón), **Tokio** (Japón), **Oosterbeek** (Paìses Bajos), **Viena** (Austria), **Zagreb** (Croacia).

La información de los diferentes contactosLa encuentras en
www.damanhur.org/es/compartir-experiencias/
damanhur-en-el-mundo

REDES DE COMUNIDAD

C on los años, Damanhur ha promovido iniciativas para tejer hilos entre las diversas realidades que tienen interés por el futuro de nuestro planeta.

En 1981, Damanhur organizó la primera conferencia de las comunidades espirituales italianas, con la idea de crear una red de colaboración entre grupos diferentes, unidos por objetivos similares. En los años siguientes, nacieron las redes que conectan a las comunidades, los movimientos ecologistas y el mundo de la investigación espiritual y ética, del que Damanhur forma parte.

Damanhur es miembro de GEN (Red Global de Ecoaldeas, www.gen.ecovillage.org), una ONG internacional que es un miembro consultivo del Consejo Económico y Social (ECOSOC) de las Naciones Unidas. GEN une la experiencia de las principales comunidades en el mundo y apoya la transformación de las aldeas rurales tradicionales en ecoaldeas sostenibles.

Damanhur fue uno de los fundadores en 1998 del **CONACREIS** (Asociación Nacional de Asociaciones y Comunidades de Investigación Espiritual y Ética, **www.conacreis.it**).

El CONACREIS reúne y coordina las realidades italianas relacionadas con la investigación espiritual laica y ética. También organiza cursos de formación

113

sobre el asociacionismo, eventos culturales y sociales y, sobre todo, sensibiliza al público sobre realidades espirituales y filosóficas no religiosas.

Damanhur se adhiere también a la Rive (Red Italiana de Aldeas Ecológicas), de la que forman parte comunidades grandes y pequeñas que dan importancia al impacto ambiental, a las energías renovables y a la comunicación "ecológica".

De la sinergia entre Gen, CONACREIS y Rive, nace un proyecto de ley nacional y europea sobre el reconocimiento de las comunidades intencionales, que ya se ha presentado al Parlamento italiano y están en proceso de presentarse ante la Corte Europea de Derechos Humanos en Estrasburgo.

INICIATIVAS EN EL MUNDO

A los damanhurianos nos gusta compartir nuestra experiencia en el ámbito social, ecológico y cultural, para que puedan ser utilizadas también por otros para crear un mundo mejor. Queremos también aprender de las valiosas experiencias de los demás, para continuar transformándonos nosotros y nuestra realidad. Con esta intención, representantes de Damanhur han participado activamente en estos años, a menudo como ponentes en nombre de Damanhur o de las organizaciones con las que colaboramos, en eventos internacionales dedicados a los temas del desarrollo sostenible, la libertad espiritual y la solidaridad.

Algunos ejemplos son:

- "A Symphony of Transformation, Human Forum 2008", San José, Costa Rica, marzo 2008.
- "First European Human Forum, Alliance for a New Humanity", Barcelona, España, noviembre 2008.
- "State of the world Forum", Belo Horizonte, Brasil, agosto 2009.
- "Carta de la Tierra, Décimo Aniversario", La Haya, Países Bajos, junio 2010.
- "Non-Governmental Organizations Conference – UN Department of Public Information", Bonn, Alemania, septiembre 2011.
- "United Nations Conference on Sustainable Development – Rio + 20", Río de Janeiro, Brasil, junio 2012.
- "World Parliament of Spirituality", Hyderabad, India, diciembre 2012.
- "United Nations Climate Change Conference", Copenhague, Dinamarca, diciembre 2012.

En mayo 2014, se estableció el hermanamiento con la ecoaldea senegalesa Guédé Chantier, que forma parte de un proyecto del gobierno de Senegal para la transformación de los pequeños centros rurales en asentamientos sostenibles.

... ¡nos paramos aquí, por ahora, ya que la edición de este libro está fechada en 2015!

UNA VISITA A DAMANHUR

VEN A ENCONTRARNOS

D amanhur abre voluntariamente sus Comunidades a los visitantes. Hay en particular algunos lugares más indicados para una visita, ya que representan de una manera más completa la experiencia de los ciudadanos damanhurianos, como por ejemplo Damjl (la sede de la primera Comunidad), el Centro Damanhur Crea y otros más. Por supuesto, una visita especialmente significativa es la de los Templos de la Humanidad, que representan la expresión más completa de la filosofía damanhuriana, en la que la Armonía y la Belleza son metas a alcanzar, junto a todo lo demás, la conciencia de la propia naturaleza espiritual.

Damanhur se puede visitar sin cita previa los días festivos por la tarde, mientras que en otros momentos es necesario reservar con antelación, para tener la posibilidad de ser guiado y recibir la información que se desea.

Damanhur Crea, en cambio, está abierta al público todos los días, incluso festivos.

Las modalidades de visita a Damanhur son muy diversas: desde la visita de los domingos por la tarde,

117

a periodos más largos a través de la estructura de hospitalidad; desde programas de estudio, a través de cursos a programas de regeneración y bienestar; hasta programas creados día a día según el propio sentir. La Damanhur Welcome University y la Welcome Office, se ocupan de todos los aspectos de la hospitalidad.

Para informarte puedes dirigirte a **Damanhur Welcome & University** en Damjl, en Baldissero Canavese - **www.damanhur.org** **Tel. +39 0124 512226.**

118

NO FUMAR, GRACIAS

P or respeto al entorno y a la salud de las personas, en Damanhur no se fuma, ni siquiera en las zonas abiertas.
Esta elección está motivada también por el respeto a la Naturaleza y a las Fuerzas sutiles que la habitan. A los huéspedes se les pide amablemente que salgan del territorio damanhuriano si tienen necesidad de fumar. La abolición del humo, por su valor como ejercicio de autodisciplina y de atención hacia uno mismo y hacia los demás, es la única prohibición sancionada por la Constitución de Damanhur que, por otro lado, invita siempre al autocontrol y a la evitación de cualquier exceso en los comportamientos.

DAMANHUR WELCOME UNIVERSITY

L a Damanhur Welcome University pone a disposición de todos la experiencia de Damanhur a través de sus cursos y escuelas.

Sus actividades están dirigidas a quien desea un camino de formación y crecimiento que integre armónicamente cualquier camino espiritual. Los instructores son todos damanhurianos, que en el curso de los años han profundizado y desarrollado los temas de investigación introducidos por Falco Tarassaco.

La investigación se desarrolla en campos muy diversos, pero todos provienen de las enseñanzas de Falco Tarassaco y de la experiencia de los damanhurianos: desde la sanación espiritual a la comunión con la Naturaleza y sus Fuerzas; desde las ciencias de los confines a la investigación del tiempo y de las vidas pasadas; desde el desarrollo del potencial individual al bienestar holístico.

119

De la DWU dependen cinco escuelas: la escuela de Alquimia, la de Sanación Espiritual, la de Comunidades, la de Arte y la de Misterios.

Damanhur Welcome University está en Damjl, en Baldissero Canavese, bajo la galería.
www.damanhurwelcome.com-Tel.+390124512226.

DAMANHUR WELCOME OFFICE
(OFICINA DE BIENVENIDA)

E l Damanhur Welcome Office organiza visitas a Damanhur de uno o más días, con programas relacionados con el arte, la regeneración, el bienestar y el estudio, entre otros.

Cada visitante puede escoger el programa con una duración y características conforme a sus expectativas: programa de media jornada, un día, dos días, tres días o cinco días. Para periodos más largos, el programa puede personalizarse posteriormente. En todos los casos, una visita a Damanhur es una ocasión para relajarse y reflexionar juntos, en contacto con una realidad singular y acogedora. Es posible organizar visitas a los Templos de la Humanidad con distintas modalidades (según el nivel de profundización que se desee) y meditaciones en sus salas.

En Damanhur hay alojamientos con características y pecios diferentes, desde albergues comunitarios para grupos grandes a hoteles convencionales en localidades vecinas.

El objetivo de la DWO es hacer posible que cada uno diseñe la modalidad de su visita a Damanhur.

Damanhur Welcome Office está en Damjl, bajo la galería. Aquí encontrarás la información sobre todos las visitas y otra de carácter general. www.damanhurwelcome.com-Tel.+390124512226.

121

DAMJL

DAMJL

E l primer lugar que se visita normalmente es Damjl, la primera Comunidad, que fue inaugurada en 1979.

En Damjl está representada la historia misma de Damanhur. La primera casa comunitaria, que está entre la Plaza Horus y la Plaza del Studio, tiene sus paredes exteriores totalmente decoradas con flores, animales del campo y con imágenes de los damanhurianos, que en el curso de los años han abandonado su cuerpo y que sentimos aún entre nosotros.

123

En Damjl se encuentran numerosas estatuas de cerámica y piedra joven, que representan dioses de diversos panteones y cientos de estatuas de arcilla rosa, realizadas por los visitantes y donadas como señal de su paso.

Hay numerosos recorridos marcados con piedras, con forma de espirales y otras, en los que los damanhurianos llevan a cabo una búsqueda habitual: realizar un intercambio energético con el territorio a través de un recorrido, en el que poco a poco, se acumula la energía, que está estabilizada por la presencia de las piedras (se sabe que el mineral "recuerda" lo que da estabilidad a un campo energético).

Se consiguen así "gimnasios naturales", en los que las personas, simplemente mediante su recorrido, regeneran

sus campos vitales y estimulan funciones como la digestión, la memoria, el sueño, etc.

El elemento que mejor caracteriza a Damjl es el Templo abierto, que tiene dieciocho columnas hechas con arcilla y dos con piedra joven y está delimitado entre un altar dedicado al elemento Tierra y otro dedicado al elemento Fuego. El templo abierto (abierto incluso arquitectónicamente, en el sentido de que mira directamente hacia el cielo) está dedicado a lo que para la filosofía damanhuriana es una de las partes más preciosas del ser humano: el "sentido de lo divino", el anhelo interior que impulsa a todos a preguntarse cuál es la naturaleza real de la vida y del universo. Todos, dicen los damanhurianos, responden a esta pregunta en la manera que sienten que mejor se adaptada a ellos, bien por sus ideas religiosas, bajo un punto de vista filosófico, por una experiencia espiritual o por bien desde una visión puramente mecanicista de la existencia. Todas y cada una de estas visiones se desarrollan en la práctica con coherencia y tienen la misma dignidad. Importante es la pregunta, más que la respuesta.

En el extremo oeste del Templo abierto, se encuentra el anfiteatro de Damjl, en el que una parte de la elipse está construida como un teatro antiguo, lugar donde se realizan espectáculos, asambleas y momentos de encuentro.

En Damjl hay también un albergue damanhuriano y se imparten muchos cursos de la Damanhur Welcome University.

125

DAMANHUR CREA

E l Centro Damanhur Crea alberga muchos talleres, tiendas y servicios que hacen de él una parada fundamental durante una visita a Damanhur.

Un amplio espacio está dedicado a la galería de cuadros sélficos Niatel, que expone las obras de Falco y los continuadores de sus pinturas sélficas.

En Damanhur Crea también se encuentra una colección de reliquias y objetos históricos damanhurianos, en una especie de museo histórico que muestra muchos curiosos aspectos de nuestros cuarenta años de historia juntos. Simplemente, al pasar una puerta de cristal y entrar, es posible hacer la compra, cortarse el pelo, comprarse un chalet, hacerse un tratamiento en un spa, encargar una instalación fotovoltaica y plasmar una escultura, una fuente o un capitel (si tienes una columna en casa para ponerlo). Y al final, comer en el restaurante biológico.

Para cualquier información contacta con la **recepción** en el Tel. **+39 0125 789999** o **crea@damanhur.it**

TEMPLO BOSQUE SAGRADO

L os damanhurianos consideran al bosque como un templo. En el área del Templo Bosque Sagrado, entre castaños, abedules y encinas, hay algunas casas damanhurianas, donde una máxima es la atención hacia las exigencias del silencio y del bajo impacto ambiental. A lo largo del bosque se han trazado laberintos y recorridos en piedra como los de Damjll, que se adentran en los claros y en los declives de la colina. Recorrerlos tiene como efecto entrar en una mayor sintonía contigo mismo y con las fuerzas del lugar. También hay altares, menhires y un gran círculo para celebrar los ritos de los Solsticios y de los Equinoccios.

Según algunos, con un poco de atención se pueden encontrar también criaturas singulares, insólitas, como nomos y duendes. De aquí ha partido la inspiración para las operaciones de Orientación de los árboles, que damanhurianos y amigos están haciendo desde hace unos años en todo el mundo. Se trata de una operación que implica a todo el mundo vegetal en el proyecto de reunificación de los mundos-madre de nuestro planeta, cuyo propósito es poner "en red" a las plantas de todos los puntos del planeta. A día de hoy, se han orientado millones de vegetales de los cinco continentes.

Hoy el Templo Bosque Sagrado es accesible a todos los huéspedes que deseen recorrer espirales y laberintos o asistir a los Conciertos de Música de las Plantas, a través del Damanhur Welcome & University.

129

PRIMA STALLA

La Comunidad de Prima Stalla es la sede de las principales actividades agrícolas damanhurianas. Allí hay invernaderos para la producción hortícola y cultivos extensivos, numerosas colmenas para las abejas y establos para el ganado.

Prima Stalla es también la sede del agroturismo "Il Tarassaco", donde se cocinan los productos del lugar con recetas originales. Tanto los cultivos, como la cría de animales, el procesamiento de alimentos y la cocina, son biológicos y libres de ogm (transgénicos). Estos son algunos itinerarios posibles de visita a Damanhur. Hay otros de más días o sólo un día, que se deben reservar en la Damanhur Welcome & University.

131

Información sobre el agroturismo:
agriturismoiltarassaco@gmail.com
www.facebook.com/AgriturismoilTarassaco

Debido a que las actividades de **Damanhur** y útiles a sus huéspedes, se distribuyen por diferentes zonas, os adjuntamos a continuación una lista dividida por sectores. Las actividades escritas en rojo con el logo de **Damanhur Crea** son aquellas que se concentran en Vidracco en el **Centro Damanhur Crea**.
Las otras tienen las referencias para ser localizadas.
Si tenéis alguna duda, contactad con **Damanhur Welcome & University**.

DÓNDE COMER
Y COMPRAR ALIMENTOS

"ARIELVO" Bar y restaurante
Abierto todos los días - Tel. +39 0125 789921

"TENTATY" alimentación biológica y productos naturales
Frutas y hortalizas, pan fresco, carnes y embutidos, productos para intolerancias e infancia,alimentos biológicos certificados, Libros, herbolario, cosmética, productos de limpieza y otros.
www.tentaty.it - tentaty@tentaty.it
Tel. +39 0125 789917

"SOMACHANDRA" Cafetería
Un lugar para reponer fuerzas en el corazón de Damanhur, donde puedes encontrar bebidas, dulces, platos fríos y calientes. Para gente amante de lo biológico y con intolerancias alimentarias.
Via Pramarzo, 3 - Baldissero Canavese
Tel. +39 0124 512226 - somachandrasnc@damanhur.it

"PRINCIPE D'ORO" Restaurante Pizzeria
Piazza Commendator M. Ceratto, 5 (a lado del ayuntamiento), Vidracco (TO) - www.principedoro.com
prenota@principedoro.com - Tel. +39 0125 791125

"IL TARASSACO" Agriturismo
Carne de animales criados por nosotros, verduras de nuestros campos, pan y pasta fresca hecha en casa y dulces de nuestra producción. Cascina Dezzutti - Cuceglio (TO).
www.facebook.com/AgriturismoilTarassaco
agriturismoiltarassaco@gmail.com - Tel. +39 328 6489398

"OPERE CASEARIE" Quesería de Scarabeo Rafano
Quesos excelentes de leche de montaña de vaca, cabra y oveja. Heladería. Helados de Magnolia hechos con leche de oveja cerca de Arielvo en verano.
scarabeo@damanhur.it - Tel. +39 320 7471753

DÓNDE DORMIR

En **"DAMANHUR WELCOME OFFICE"** encontrarás información sobre nuestras casas de huéspedes.
Via Pramarzo, 3 - Baldissero Canavese
www.damanhurwelcome.com - Tel. +39 0124 512226.

133

"PRINCIPE D'ORO" Restaurante Pizzeria - Pernotación
Piazza Commendator M. Ceratto, 5 (junto al ayuntamiento), Vidracco - www.principedoro.com
prenota@principedoro.com - Tel. +39 0125 791125

DÓNDE ENCONTRAR ARTE YARTESANÍA

"ARTILE s.n.c." Obras artísticas
Mosaicos, complementos de decoración y cursos. Lupa Lampone
lupalampone@libero.it - Tel. +39 320 7471764
Vidrio: tiffany, vidrio-fusión, pintura, laminado en frío y en caliente (vetrate a freddo e a caldo), objetos de arte y cursos.
Piovra Caffè - piovra@damanhur.it - Tel. +39 348 6011670

Testuggine Cacao - testuggine@damanhur.it
Pintura: trompe (trampantojo), cielos y nubes, retratos, cursos
de pintura y dibujo. Pangolino Tulipano
pangolino@damanhur.it - Tel. +39 347 4537930
Trompe l'oeil (trampantojo), retratos, acuarelas, signos de sueño.
Ape Soja - Tel. +39 320 7677902 - laoptah@gmail.com

"COBRA ALLORO" Esculturas
Esculturas. Retratos en escultura. Columnas. Fuentes.
Estufas mejicanas. Chimeneas artísticas. Bomboneras
personalizadas. Cursos de escultura. Restauración de lápidas.
www.sculturaerestauro.it - teosimone@gmail.com
cobra@damanhur.it - Tel. +39 348 5155710

"AURIFOLIA" Restauración
Métodos de intervención cada vez más éticos
y ecológicos. Enseñanza.www.aurifoliarestauri.it
info@aurifoliarestauri.it
Tel. +39 328 9896331 - Fax +39 0125 789738

"HOBBIT MARGHERITA" Pintora
Retratos, decoraciones, pinturas bajo presupuesto,
trompe (tramapantojo) sobre tela y muro.
hobbit@damanhur.it - Tel. +39 320 4780923

"AythyA" Sedas pintadas a mano
Vestidos, pañuelos, paraguas y accesorios.
Refinación y singularidad. www.aythya-creazioni.it
aythya@damanhur.it - Tel. +39 320 4781900

"OPUSSUM SPINACIO" Pintura
Pintura y restauración
opossum@damanhur.it - Tel. +39 329 9171902

"LAOSEL" Arte en hierro de Zurlo Roberto
Elaboración artesanal de hierro batido.
Via Pramarzo 8, Baldissero Canavese
laosel@damanhur.com
Tel. +39 0124 512804 - Cel. +39 347 7671926

134

DÓNDE CURARSE
CON MEDICINA INTEGRAL

CASA DE LA SALUD s.r.l. unipersonal
Centro de medicina integral
Acupuntura y medicina tradicional china, terapia del dolor,
salud física, alergología, nutriión, odontología, ecografía
general, ecodoppler, optometría, mesoterapia, servicios de
enfermería, cirugía general. www.creasalute.it
info@creasalute.it - Tel. +39 0125 789966

"FISIOCREA s.r.l." Centro privado de fisioterapia
Recuperación psicofísica, reeducación funcional, masajes.
gianluca@damanhur.it
Tel. +39 0125 789922 - +39 0125 789923

135

DÓNDE RECIBIR TRATAMIENTOS
DE BIENESTAR Y DE BELLEZA

"KYTHERA" de Nepa Citronella
Prano de belleza, reequilibrio enérgetico, stiloself, masaje
sélfico relajante, lodos detoxificantes sobre lecho de vapor,
masaje sin gravedad, automasaje damanhuriano.
kythera@kythera.it - Tel. +39 0125 791113

"PERFORMA" Salón de peluquería hombre y mujer
Salón eco-sostenible, respeto del cabello y del ambiente
Tel. +39 0125 791113 - +39 351 2116631
www.performastyle.it - facebook: performaecostyle

"ELA-SEL" Taller - estudio de Sélfica experimental
Self de nueva generación, stiloself, prano, prano de belleza,
masaje damanhuriano.
maia@damanhur.it - Tel. +39 348 8721720

"FONOCROMO" Cabina de fonocromoterapia
Aplicación de sonidos,
colores y perfumes para el bienestar.
gau@damanhur.it - Tel. +39 328 3288850

"MANABÀ" de Cincillà Ajucca
Naturopatía, terapia floral, herboristería, pranopráctica,
stiloself, Esencias del Templo.
www.essenzedeltempio.com
info@essenzedeltempio.com - Tel. +39 349 2979721

"CAVALLUCCIO MARINO ARNICA" Terapeuta Holístico
Naturópata, sanadora espiritual, prano de belleza, masaje
damanhuriano y sélfico, tratamientos sélficos,
Mind Chess, toque con el corazón, reflexología
Tel. +39 329 5379424 - rosemarieschade@hotmail.com

"CALABRONE" Terapeuta Holístico
Sanador espiritual, terapia craneosacral,
tratamientos damanhurianos
calabrone@damanhur.it - Tel. +39 347 5429402

"TUCANO" Terapeuta Holístico
Counseling, prano, shiatsu, tratamientos sélficos
tucano@damanhur.it - Tel. +39 339 3088436

"Pranoself" en la Asociación Tujl
Tratamientos de Pranoself, es decir aplicaciones de prana
amplificada por estructuras sélficas - Tel. **+39 348 6017164**
Via Pramarzo 5, Baldissero Canavese (TO)

"SETTER G. J." Terapeuta Holístico
Formador, Trainer, Certificado S.I.A.F., autor de los métodos
Toque con el Corazón y Mind Chess.
furfaro.antonino@gmail.com - Tel. **+39 335 6657266**

"ASOCIACIÓN PARA LA MUJER"
Consultas y seguimiento de embarazo, preparación al parto,
sexualidad, menopausia, rehabilitación del suelo pélvico.
Via Vittorio Emanuele 27 - Vidracco (TO)
Tel. +39 329 8375259 - +39 388 8275585

136

DÓNDE ENCONTRAR SELFS, CUADROS SÉLFICOS Y JOYAS SÉLFICAS

"SELET s.n.c." Taller y venta de objetos sélficos
Objetos y bracaletes de cobre con funciones de ayuda energético para la persona y para el ambiente.
www.sel-et.com - selet@damanhur.com
Tel. +39 0125 791144

"NIATEL s.r.l." Galería de Arte
Exposición permanente de cuadros sélficos de Oberto Airaudi.
Pinturas mágicas, magia de la pintura.
www.quadriselfici.it
info@quadriselfici.it - Tel. +39 389 1465831

137

"OROCREA" Joyería sélfica artística
Obras de arte hechas en oro - www.orocrea.com
info@orocrea.com - Tel. +39 0125 789916

DÓNDE ENCONTRAR PRODUCTOS
Y SOLUCIONES PARA UN MODO DE VIDA
ECOLÓGICO Y SOSTENIBLE

"SOLERÀ s.c."Energías renovables - música de las plantas
Energía fotovoltaica y solar térmica, instalaciones eléctricas,
bombas de calor, calderas de biomasa (proyecto e instalación)
www.solera.info - solera@solera.info
Tel. +39 0125 789940 - Fax +39 0125 791005

"SOLIOS" de Christine Schneider (Capra Carruba)
Consultor de construcción OCD. Salubridad de interiores.Materiales
ecosostenibles - www.happyandhealthyliving.it
info@solios.eu - Tel. +39 348 4030717

"EDILARCA s.r.l."
Costrucciones & Servicios ecosostenibles y biocompatibilidad
Venta de materiales de bioconstrucción y productores FalFioc ®,
máquinas para insuflar LACELLULOSA ®
www.lacellulosa.com - www.falfioc.com
info@edilarca.com - Tel. e Fax +39 0125 789683
Cell. +39 329 1297225

"InAugeIniziative" Sociedad de ingeniería
Trabaja principalmente en el sector de la moda,
turístico, hotelero, residencial y de dirección.
Especializados en bioconstrucción.
www.inaugeiniziative.it - info@inaugeiniziative.it
Tel. +39 0125 789772 - Fax +39 0125 789877

Estudio técnico Planificación y dirección de obras,
consultorías y prácticas catastrales,
seguridad en las obras, D.Lgs.81/08, anincendio, peritaciones,
certificaciones energéticas - **varano@damanhur.it**
idra@damanhur.it - Tel. +39 328 9868877 - +39 320 0627166

DÓNDE ENCONTRAR
OTROS PRODUCTOS Y SERVICIOS

"FINETHIC" Seguros éticos
Coche, vivienda, comunidades, accidentes,
enfermedad, asociaciones, empresas, profesionales, fianzas, vida
www.finethic.it - skype: segreteria.finethic
Tel. +39 0125 789713 - +39 329 2220285

"MAKLERADO s.r.l." Internet, moviles y marketing
Planificación y desarrollo de aplicaciones Web, sistemas de
e-learning y aplicaciones iOS y Android
www.maklerado.it - info@maklerado.it

"DEVODAMA s.r.l." Marketing y comunicaciones
editorial, desarrollo web, multimedia - www.devodama.it
info@devodama.it - +39 0125.789645

139

"CO.N.A.C.R.E.I.S." Asociación de promoción social
Conacreis es la primera red de asociaciones de investigación
ética, interior y espiritual en Italia. www.conacreis.it
segreteria@conacreis.it - Tel. +39 0125 789773

"COMPAGNIA DEI CARAIBI"
Prestigiosa empresa de importación y distribución de licores de lujo
de todo el mundo. Reserva Carlo Alberto: vermut, vinos y licores.
Los licores históricos, producidos desde la fundación de Damanhur.
Via Marconi 8, Vidracco - www.compagniadeicaraibi.com
Tel. +39 0125 791104 - +39 348 1332805

"VIVAIO DELLE NAIADI" de Naiade Corniolo
Plantas silvestres alimentarias y medicinales. Plantas para
abejas y mariposas. - www.vivaionaiadi.blogspot.com
info@vivaiodellenaiadi.com - Tel. +39 329 3945180.

AQUA IGNIS Fontanero y plomero
Mamba Iperico - mamba@damanhur.it - +39 348 5601819

ALREDEDORES DE DAMANHUR

D amanhur se encuentra en el centro de un territorio variado desde el punto de vista de la naturaleza, interesante, lleno de arte y de tradición. Una visita a Damanhur es la ocasión de conocer también El Canavese, una tierra muy reservada, pero capaz de asombrar.

Para los amantes de la naturaleza, a una hora en coche de Damanhur, en Ceresole reale, se encuentra uno de los accesos al Parque Natural del Gran Paradiso, tierra de cabras montesas, gamuzas, marmotas,... Hay excursiones "para todos los tipos de piernas": desde los recorridos de más dificultad hasta los charcos alpinos, hasta los más tranquilos cerca de refugios e instalaciones.

A media hora de Damanhur se encuentra el parque del lago de Candia, donde se pueden hacer excursiones entre especies lacustres protegidas y donde puedes relajarte en las áreas equipadas.

La asociación que gestiona la visita al lago de Candia coordina también el centro de documentación de los Montes Pelados (Monti Pelati), el área montañosa adyacente a Damjl, que también es interesante visitar por sus peculiaridades morfológicas.

Subiendo desde Damanhur hasta el inicio de la Valchiusella, se llega a Fondo. Desde allí comienzan sugerentes senderos a lo largo del torrente, entre cataratas, restos de antiguas aldeas y un paisaje que se hace poco a poco más ralo, sin árboles y silencioso. En el área de Fondo y Traversella se encuentra el sendero de las Almas (Sentiero delle Anime), donde hay muchas rocas con grabados y huecos semiesféricos tallados (conocidos como copas y que se cree que representan constelaciones) de un periodo incierto entre el Neolítico y la Edad de Bronce.

A una docena de kilómetros de Damanhur está la ciudad de Ivrea, un centro de notable iniciativa en el campo cultural y artísitico, a la vez que una ciudad activa en el campo comercial. Cada año es la sede de un famosísimo festival, el festival de las naranjas, en el que durante tres días los barrios de la ciudad reviven las gestas de la resistencia a las tropas napoleónicas combatiendo lanzándose naranjas los unos a los otros. Este festival atrae cada año a miles de turistas de toda Europa, por lo que Ivrea se cierra durante algunos días, en los cuales la ciudad "cierra" y se dedica a este desafío.

Así mismo, a una hora en coche de Damanhur se encuentra Turín, ciudad olímpica, primera capital de Italia y que tiene cerca el aeropuerto de Caselle. Mientras que a poco más de una hora de viaje se llega a Aosta, en el corazón del homónimo valle, a los pies del macizo del Monte Bianco.

141

CON TE

"Con te" es el saludo con el que los damanhurianos se dirigen a los otros ciudadanos, a los amigos y a los huéspedes. Es también nuaestro saludo al final de esta breve guía. Encontrarás más información en nuestro web, a la cual accedes a través de **www.damananhur.org/es**.

En este libro hemos condensado la información indispensable. Damanhur es muchas otras cosas: emociones, actividades, proyectos, con el deseo de que cada día sea un poco mejor que el anterior.

La conclusión no puede ser otra: "¡Ven a encontrarnos! Con te".

143

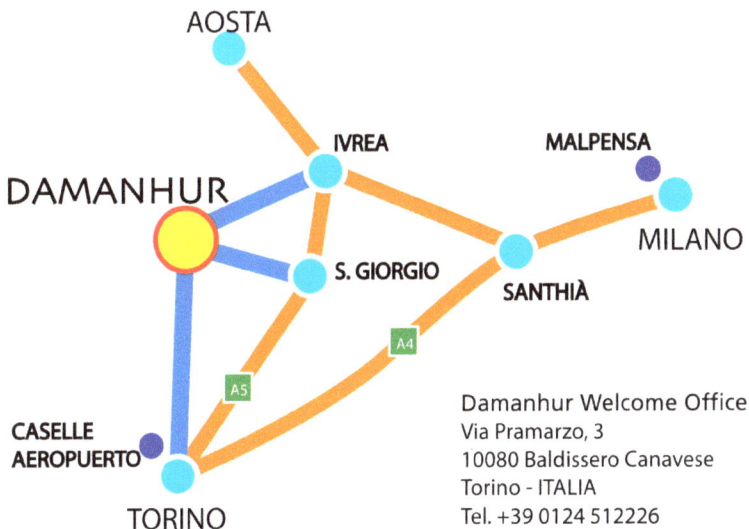

Damanhur Welcome Office
Via Pramarzo, 3
10080 Baldissero Canavese
Torino - ITALIA
Tel. +39 0124 512226